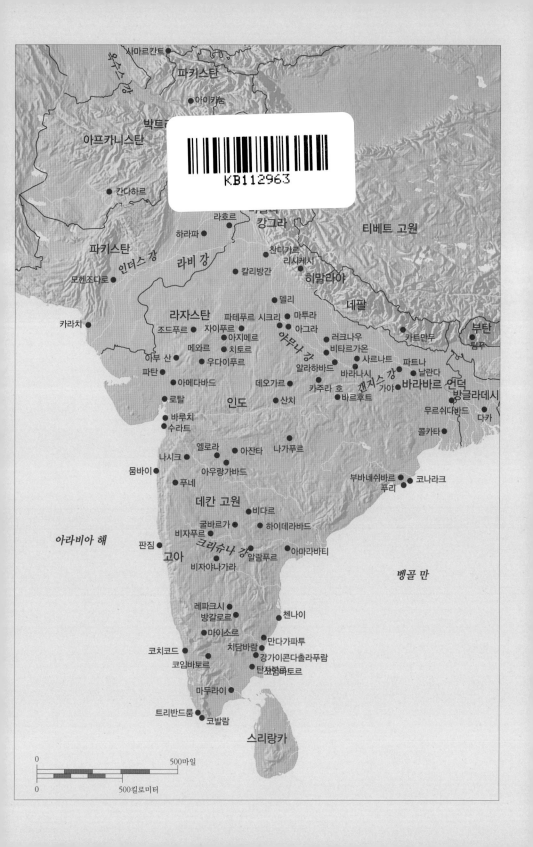

인도 4차산업혁명,
세계를 움직이다

The fourth industrial revolution and India

Written by Kwon Kichul & Jung hyen & You Sunghoon & Park Namhee.
Published by Sallim Publishing Co., 2018.

| 일러두기 |

1. 사진에 출처 표기를 별도로 하지 않은 사진은 공저자 권기철이 찍은 것이다.
2. 앱, 애플리케이션은 같은 어원에서 나온 말이지만, 각각의 단어에 담긴 뉘앙스가 달라서 운영체계를 의미할 때는 '애플리케이션'으로, 스마트폰에서 쓰이는 프로그램명으로 쓰일 때는 '앱'으로 구분해서 썼다.
3. 휴대폰과 스마트폰은 기능상 다른 통신기기이므로 구분해서 썼다.

인도, 세계로 가는 지름길

인도 4차산업혁명, 세계를 움직이다

권기철 외 지음

살림

“4차산업혁명 시대, HW 기술 기반의 한국 IT 기술과 SW 기술 기반의 인도 IT 기술이 만나 강력한 시너지 효과를 낼 수 있는 지혜를 담은 책이다. 아직 인도에 대한 제대로 된 이해가 부족해 많은 한국인과 한국기업은 그 기회를 놓치고 있는 것 같아 안타까웠다. 그러던 차에, 이렇게 제대로 만들어진 책이 출간되다니 매우 반갑다. 이 책을 통해 인도와 한국이 만들어낼 미래를 먼저 만나보기를 바란다.”

– K.C. 람무르티 카르나타카 주 연방 상원의원

“저자와 자주 만나 이야기를 나누다보면 나보다 더 정확히 인도의 모습을 진단해내는 저자의 지식의 깊이에 매번 감탄하게 된다. 인도인도 몰랐던 인도에 대한 이야기를 이 책을 통해 확인하기 바란다."

— S. 사치드아난드 박사, 라지브 간디 보건과학대학 부총장

"길거리를 달리는 현대자동차, 인도인의 마음을 사로잡고 있는 삼성 휴대폰, 그리고 인도 가정에 하나쯤 있는 LG 전자제품, 이젠 현대, 삼성을 인도 기업으로 알고 있는 사람들도 많을 정도로 오랜 기간 인도와 함께해왔다. 함께해온 만큼, 더 많은 한국 청년이 인도 청년과 만나서 새로운 미래를 만들어나가길 기대한다."

— B.K. 라비 박사, 국립 방갈로르 대학 총괄 관리관(장관급)

"인도에서 마케팅을 하는 저자와 수년간 인연을 이어오며, 저자가 지닌 시각의 새로움에 놀라곤 했다. 이 책은 저자의 새로운 시각이 돋보이는 책이다. 인도에 대한 색다른 시각을 갖고자 한다면 이 책이 제격이다."

— 산토스 코시 박사, 코시 병원 그룹 회장

"인도는 세계적으로 손꼽히는 IT강국이다. 구글, 마이크로소프트 등 IT 공룡 기업의 수장을 맡고 있는 인도인이 어떤 형태로 비즈니스를 만들고 발전시켜나가는지에 대해 알려준다. 인도의 IT 산업 형성과 발전 메커니즘, 더 나아가 4차산업혁명 준비로 혼란스러운 대한민국에 인도라는 새로운 길과 시사점을 던져주는 책이다."

— 김동균 교수, 경북대학교 컴퓨터학부

제4장 제약이 많아
혁신도 많은 인도

제5장 인생은 너무 짧다.
자! 스타트업이다!

제6장 4차산업혁명을 위한 모든 길은 방갈로르를 향한다

시작하며

다가올 4차산업혁명 시대를
자신만만하게 맞고 있는, 인도로 가자!

최근 'IT 강국'이라는 평가와 인식에 걸맞지 않은 모습을 보여왔던 인도를 실질적으로 확 바꾼 일들이 몇 가지 있었다.

우선 혁명의 시작은 '데이터 혁명'으로 불리는 사건에서부터 시작된다. 이 사건의 시작은 인도 최대 기업 릴라이언스 산업(Reliance Industry)이 2016년 9월 설립한 신생 이동통신사 지오(JIO)의 등장이다. 지오는 설립 1년 6개월 만에 무려 1억 7,000만 가입자를 확보했다. 가입 고객은 4G 통신 서비스를 한 달 4,700원 정도만 내면 매일 1GB 데이터와 함께 무제한 음성 통화를 이용할 수 있게 되었다. 지오의 저렴한 통신비는 2016년 세계 155위였던 인도의 1인당 데이터 사용량 순위를 1년 만에 단숨에 세계 1위로 끌어올렸다. 지오가 만든 데이터

혁명은 기존 통신사들의 파산과 합병이라는 작은 변화로 끝나는 것이 아니라 콘텐츠 소비 증가라는 큰 변화를 만들어냈다.

뿐만 아니라 2018년 말, 지오는 지오 기가파이버(Jio Giga Fiber)라는 유선 인터넷 서비스 시작을 알렸다. 기존 통신사 대비 속도는 높이고 가격은 대폭 낮춰, 무선 통신 서비스와 같은 빅뱅을 예고하고 있다. 저렴한 통신료로 그동안 경험하지 못했던 콘텐츠에 대한 접근성은 높였지만 볼만한 콘텐츠는 만들어내지 못하고 있는 실정이다. 이런 콘텐츠 부족으로 유튜브에 올라온 동영상에 삽입된 광고 시청률이 전 세계 최고 수준인 92%에 달하는 기현상도 만들어내고 있다.

뿐만 아니라 데이터 용량의 압박으로 좋은 콘텐츠를 만들어내지 못했던 기업들은 한 단계 높은 수준의 콘텐츠를 제작해야 한다는 부담을 가지게 되었지만 다른 한편으로는 다양한 비즈니스 기회를 창출할 수 있는 계기가 되었다.

두 번째 사건은 2016년 11월 말, 인도 정부가 갑작스럽게 시행한 화폐 개혁이다. 지하 경제를 양성화하고 90%에 육박하는 현금 거래 비중을 줄여 부패를 일소하고 디지털 기반 경제로 전환하기 위한 모험이 시도되었다. 이 시도는 현재까지 순항 중이다. 화폐 개혁은 인도를 좀더 투명한 사회로 만드는 계기가 되었고 현금 사회 인도를 디지털 화폐 기반 경제로 급격히 이동시키며 블록체인, 핀테크 기업 등 다양한 기술 기반 창업 열풍을 만들고 있다.

세 번째 사건은 2017년 7월, 10년을 끌어오던 인도 건국 이후 가장 큰 변화 중 하나로 손꼽히고 있는 GST(상품용역세) 통과다. GST는 기존 16가지의 복잡한 세금이 하나의 세금(GST)으로 단일화돼 부패가 줄어들고 경제 성장에도 긍정적 영향을 미쳐 평균 2%P의 추가적인 경제 성장 토대를 만들었다. GST 시행 여파는 물류 혁명으로 이어져 제조·유통 업체 성장뿐만 아니라 물류 관련 스타트업들에게 새로운 비즈니스 기회를 제공하고 있다.

네 번째 사건은 2017년 말 인도 인구 12억 명 대상 세계 최대 생체 인식 기반 주민등록제 아다르(Aadhaar)의 전면 시행이다. 아다르는 홍채 인식 방식의 최첨단 기술로 순식간(0.2초)에 신원확인이 가능하도록 만들었다. 이로써 그간 개인 신원 확인 절차가 까다로워 운전면허를 발급받거나 은행 계좌를 개설하기 어려웠던 사람들이 그동안 누릴 수 없었던 서비스를 누리게 되었다. 또한 세금 문제 등 부정을 줄이고 규칙에 기반을 둔 사회를 구축할 수 있게 했다.

더 나아가 홍채인식 시스템을 국가기관이나 일반 광고회사들이 사용해, 사회를 스템화하고 개인화된 광고를 가능하게 만들 수 있다는 톰 크루즈 주연 영화 〈마이너러티 리포트〉가 현실에서 충분히 가능하다는 것을 의미한다.

지난 몇 년간 인도에는 엄청난 변화가 일어났고 전 세계 거의 모든 글로벌 기업들은 인도에 들어와 자신의 영역을 차지하고 있지만, 한국인들의 인도에 대한 생각은 여전히 10년 또는 20년 전의 모습으로 각인되어 있는 것이 현실이다.

인도에 대해 주변 사람들과 이야기를 나누다보면, "거길 내가 왜 가야 해?" "거기서 무슨 일을 하지?" "인도는 아직 범죄가 만연한 후진국 아니야?”라는 말부터 꺼내는 사람들이 대부분이다.

하지만 글로벌 IT 기업들은 인도에 둥지를 틀고 4차산업혁명 시대를 대비한 기술 개발에 한창이다. 독일의 경우 인더스트리 4.0을 함께 구현할 국가로 인도를 지목해 총리 주도로 인도와 체계적인 협력 시스템을 만들고 수많은 기업들이 진출했다. 미국 실리콘밸리의 움직임은 우리가 상상하는 것 이상이다.

한국도 4차산업혁명을 인도와 같이해야 한다고 정부 차원에서 이야기하지만, 구호뿐이다. 왜냐하면 인도 IT 산업에 대한 디테일한 정보를 알고 있는 사람이 거의 없기 때문이다. 정확한 정보와 지식 없이 협업할 것을 기대하는 것은 불가능하다. 그렇다고 인도가 먼저 손 내밀어 무언가를 같이 하자고 이야기하지도 않는다. 왜냐면 인도와 손잡으려고 하는 국가와 기업들이 줄을 섰기 때문이다.

세계 최대의 빅데이터 분석 기업이 인도 ‘뮤 데이터’이고 그외 1,000여 개의 빅데이터 분석 기업이 세계 빅데이터 분석의 3분의 1 이상을 담당하고 있다는 사실, 인공 지능 분야에서 인도 스타트업 제닉AI가 2,000만 건의 SNS를 분석해 미국 대선 결과를 정확히 예측했다는 사실 등을 아는 한국인은 거의 없다.

이러한 정보 빈곤으로 인해 놓치는 기회가 너무 많은 것을 안타까워하던 때, 인도 IT와 콘텐츠 산업에 대한 분석, 이것의 활용법을 담은 책 『젊은 인도』를 통해 인연을 맺은 인도 전문가들과 한자리에 모이게 되었다.

이들은 인도를 대한민국의 미래로 인식하면서 열정을 가진 IT, 콘텐츠 전문가라는 점과, 인도에서 현지인을 대상으로 마케팅을 펼치고 기업을 운영하는, 지식과 현실의 균형감을 갖춘 사람들이라는 공통점을 가지고 있다.

이 책은 혁신적 변화를 통해 눈부시게 발전하는 인도를 먼저 느끼고 그들과 같이하며 알게 된 이야기를 객관적인 써내려간 책이다. 인도를 통해 밝은 미래를 찾으려는 진취적인 사람들에게 조그마한 길잡이가 될 수 있는 이야기를 담았다.

그 가운데 우리가 인연을 맺은 곳은 인도의 실리콘밸리라고 불리는 글로벌 3대 스타트업 도시 방갈로르다. 이곳에서 10년 후 인도를 주름잡으며 거리를 바쁘게 활보할 한국의 IT콘텐츠 기업과 젊은이들을 상상하며, 나무를 심는 마음으로 정보를 수집, 분석하고 정리해 이야기를 만들어나갔다.

현재 전 세계에 다섯 명의 아이가 태어난다면 그중 한 명은 인도 사람이다. 인구는 시장을 만들고 기업은 그 시장에 있어야 기회를 만들 수 있다. 2030년이 되면 인도는 세계 3대 경제대국이 될 것이고, 2040년이 되면 17억 인구를 가진 국가가 될 것이다. 우리는 10년 후 미래를 준비하는 사람들에게 이 책이 도깨비 방망이로 사용될 수 있을 것이라고 믿는다. 오랜 경험을 통해 인도를 담은 이 책을 통해, 인도를 새로운 비즈니스를 펼치는 장으로 삼으며 공감하는 계기가 되길 바란다.

최근, 호주 유학 중 한국인 최초 '아시아의 하버드 법대'로 불리는 인도 최고 명문 인도국립법대(NLSIU)에 동아시아계로는 최초로 진학해 희망을 던져준 박병우 군을 비롯해, 여의치 않은 환경에서도 인도 학교를 다니며 미래의 한(韓)-인도 시대를 개척할 인재로 커나가고 있는 박병찬, 씩씩한 유병찬과 이쁜 유가온, 그리고 정태영에게 아빠들을 대표해 고맙다는 말을 전한다.

그리고 아빠들을 위해 기도해주는 사랑하는 모든 가족에게도 항상 고마운 마음을 전한다.

끝으로 이 책을 만드는 과정에 많은 용기를 주신 목원대 서용석 교수님과, 살림출판사 심만수 대표님을 비롯해 편집에 참여하신 모든 분들의 노고에 감사드린다.

2018년 9월

공저자를 대표하여 권기철

제1장

방갈로르, 정원의 도시가
글로벌 IT 도시로 재탄생하다

인도에 살면서 전국을 돌아다니며 생긴 큰 궁금증이 있었다. 고대부터 영국 식민 시대에 걸쳐 발전한 콜카타, 뭄바이, 델리, 첸나이 등 유서 깊은 도시를 제치고 '어떻게 방갈로르가 인도의 실리콘밸리로 탄생할 수 있었는지'였다.

방갈로르는 광고 촬영지로도 훌륭할 뿐만 아니라 아름다운 자연과 사람, 그리고 그것을 존재하게 만드는 멋진 문화를 지닌 도시다.

이번 장에서 세계 IT 산업의 새로운 성장 축으로 자리 잡고 있는 방갈로르가 있기까지, 그리고 방갈로르가 간직한 과거가 쌓여 만든 현재를 살펴보려고 한다.

방갈로르를
사랑할 수밖에 없는 15가지 이유

방갈로르를 소개할 때 거의 모든 언론 매체는 'IT 도시, 제2의 실리콘밸리'라는 삭막한 수식어와 고유명사를 사용해 이 도시를 설명하려고 한다.

하지만 '제2의 실리콘밸리'라는 말로는 이 도시를 표현하기에 너무도 부족하다. 따라서 방갈로르에 살면서 알게 된 이 도시를 상징하는 15가지 모습을 전하려 한다.

방갈로르의 허파 쿠본 파크에서 피크닉

뉴욕에 센트럴 파크가 있다면 방갈로르의 중심에는 쿠본 파크(Cubbon Park)가 있다. 쿠본 파크는 약 37만 평 규모(18홀 골프장 약 1.2개의 넓이: 약 122만㎡)로, 방갈로르 시내 중심가에 자리한 아름다운 공원이다.

사진: Shreya Pareek

방갈로르를 '정원의 도시'로 불리게 한 아침 무렵의 쿠본 파크이 공원은 17세기 마이소르 왕국 하이더 알리 왕이 만들었는데, 영국인이 지배하면서 면적을 늘렸다. 잘 가꾸어진 이 공원 조경의 청명하고 푸른 이미지 덕분에 방갈로르는 '정원의 도시(Garden City)'로 불리게 된다.

이 아름다운 공원에 있노라면, 아침엔 건강을 위해 운동하러 오는 주민들, 점심엔 여유를 만끽하는 주변 직장인들, 오후엔 피크닉을 즐기는 가족들, 저녁엔 사랑을 속삭이는 연인들을 지켜볼 수 있다.

커피가 없는 방갈로르, 팥소 없는 찐빵 같아

1971년에는 스타벅스가 미국 시애틀에서, 1996년에는 카페커피데이(Café Coffee Day)가 인도 방갈로르에서 커피 프랜차이즈를 시작했다.

카페커피데이는 뉴욕 증시에 상장된 회사로 인도에만 2,000개 이상 매장을 보유한 커피 전문점이다. 현재는 배달앱을 사용하면 주문한 곳이 어디라도 배달해준다.

커피 산지로 유명한 인도 남부 중심도시 방갈로르에서 커피가 없는 방갈로르의 삶은 상상하기 힘들다. 두 잔 마시면 한 잔이 공짜인

© Hatti Kaapi

길거리에서 즐기는 커피를 즐기는 방갈로르 시민들　　　두 잔 마시면 한 잔이 공짜인 길거리 커피 하티 카피

단돈 10루피(170원)짜리 길거리 커피(Hatti Kaapi)에서부터 스타벅스까지, 삶의 여유와 향기를 즐길 수 있는 곳이 방갈로르다.

세계 최고의 맛, 도사를 즐겨보자

도사는 발효시킨 쌀과 검은 콩 반죽을 얇게 부쳐 만드는 크레페 또는 팬케이크와 비슷한 인도 남부를 대표하는 음식이다. 전 세계에서 가

출처: 「인디아 투데이」, 2015년 7월 기사

「인디아 투데이」에 실린 방갈로르 MTR 식당 기사

방갈로르에서는 전 세계에서 가장 맛있는 도사를 맛볼 수 있다. - MTR 식당

장 맛있는 도사 식당이 있는 곳이 바로 방갈로르다. 이 책을 읽고 방갈로르에 간다면 지금 당장 MTR, CTR, 그리고 다와르카(Dawarka) 호텔로 가보자, 세계 최고의 맛이 기다리고 있을 테니.

춤과 음악을 사랑하는 사람들

방갈로르가 속해 있는 카르나타카 주(州)에 살고 있는 여성들이라면 누구나 어릴 때부터 한두 가지 이상 춤을 익히게 된다.

뿐만 아니라 방갈로르는 인도에서 오랜 역사를 가진 '연극의 도시'다. 방갈로르에서 즐기는 연극은 어떤 느낌일까? 궁금하다면 직접 경험해보라.

란가 샹카라 극장에서 공연되고 있는 연극 한 장면

거리 곳곳에서 만나보자, 현대미술

방갈로르 길거리를 걷다 만나게 되는 아름다운 그림을 보면 "아, 여기가 방갈로르 맞아?"라는 말이 절로 나오게 된다.

방갈로르 거리 벽화 앞에서
물건을 파는 상인들

방갈로르 도로를 장식한 그림

자유로운 정신을 느낄 수 있
는 방갈로르 국립현대 미술관

인도 국립현대미술관은 델리, 뭄바이, 방갈로르에 있다. 방갈로르 국립현대미술관은 다른 인도 내 현대미술관과 확연히 다른 자유로운 정신을 느낄 수 있다. 멋진 전시를 보고 나오면 만나게 되는 아소카 왕의 석주, 샌달 우드(Sandal Wood)와 반얀 트리 아래 벤치에서 여유로운 오후를 만끽할 것이다.

방갈로르의 명동 브리게이드 로드

브리게이드 로드(Brigade Road)를 걷다보면 거의 모든 인종을 다 만날 수 있다. 북인도에서 온 젊은이, 인도에서 삶을 개척하는 유럽 출신 외국인, 동남아와 아프리카에서 온 사람들과 이들의 열기를 담은 창업공간 방갈로르 최대 공유 사무실 위워크(We Work Galaxy)와 각종 상

아시아의 진정한 코스모폴리스라 불리는 방갈로르. 명동에 해당하는 '브리게이드 로드'

점과 자동차까지, 모든 게 섞여 있는 곳이다.

방갈로르 인구는 남부 지역 출신 비율이 60%, 유럽에서 온 사람들의 비율은 8%가 넘어섰고, 아프리카와 아시아에서 온 인구도 7%에 육박한다. 아시아의 진정한 코스모폴리스로 손색이 없는 곳이 방갈로르다.

브리게이드 카페에서 즐기는 브런치는 당신을 새벽까지 일하고 여유 있게 출근하는 진정한 방갈로리안(Bangalorean: 방갈로르 사람)으로 만들어줄 것이다.

인도에도 대학로가 있다, MG 로드

방갈로르 지상철 아래를 한번 가보자. 서울 대학로의 느낌을 느낄 수 있는 여유가 가득하다. 스케이드 보드, 자전거, 라이브 음악, 힙합, 드

다양한 거리의 볼거리, 먹을거리가 가득한 MG 로드. 눈과 귀가 호강한다.

럼, 스탠드업 코미디까지…… 맛난 길거리 음식과 벼룩시장의 인심
은 덤이다.

도시 안에 있는 인도의 고대 유적

얼마나 많은 고대 사원과 유적이 방갈로르에 있는지 정확한 숫자는
모른다. 하지만 전통과 현대가 절묘하게 어우러져 존재하는 도시가
발갈로르다. 초카나타스와미 사원(Chokkanathaswamy Temple)과 티푸
왕의 여름궁전을 비롯해 많은 문화 유적이 볼거리 많은 방갈로르를
더욱 풍성하게 만든다. 방갈로르 안에 있는 역사적 유적지를 둘러보
는 것도 인도 생활의 큰 즐거움이다.

왕궁과 사원 등 고대의 다양한
문화 유적을 간직하고 있는 방
갈로르. 색다른 매력을 지닌 도
시다. 초카나타스와미 사원 전경

전 세계 군수산업이 한자리에, 방갈로르 에어쇼

방갈로르에는 아시아에서 가장 큰 항공 제조사 HAL(힌두스탄 항공)을
비롯한 많은 군수기업들이 있다.

전 세계에서 가장 많은 무기를 구
입한 나라 인도. 방갈로르 에어쇼
에서 선보인 공격용 헬기 HAL

인도는 지난 10년간(2008~2017) 전 세계에서 가장 무기를 많이 구매한 나라다. 따라서 2년에 한 번 열리는 방갈로르 에어쇼에 전 세계 유명 군수기업들이 모이는 것은 당연한 일이다.

향후 10년간 인도에서 필요한 최소 항공기(전투기)는 400기 이상으로 세계 최대의 수요처다. 이 시장을 차지하기 위해 글로벌 항공 제작사 보잉과 록히드 마틴 등은 스타트업 육성 센터를 인도에 건립했다. 한국에서는 보이지 않았던 행보다.

습한 인도 날씨답지 않은 쾌적한 날씨

방갈로르는 고도 1,000m 데칸 고원에 위치한 도시다. 30도가 넘는 가장 더운 5월에도 그늘에 앉아 책을 읽거나 낮잠을 잘 때 선선함마저 느낄 수 있다. 한겨울 날씨도 한국의 봄 날씨 정도로 따뜻하고 온화하다. 이런 좋은 날씨에 사람이 모이지 않는다면 이상한 일 아닐까?

스타트업과 창업자들로 문전성시를 이루는 카페들

직원 수만 40만 명에 육박하는 TCS(Tata Consultancy Services)를 비롯해

카페에서 일하고 있는 젊은 창업자. 방갈로르 젊은이들도 우리와 많이 다르진 않다.

인포시스(Infosys), 위프로(Wipro) 등 글로벌 IT 기업이 탄생한 곳이 방갈로르다. 최근 월마트에 천문학적인 금액에 인수된 온라인 쇼핑몰 플립카트(Flipkart), 구글과 페이스북 다음으로 큰 독립 모바일 광고 플랫폼 인모비(InMobi), 패션 전자 상거래 회사 민트라(Myntra) 등 새로운 기술과 기업이 탄생하는 세계적 스타트업 도시 방갈로르, 방갈로르에 카페가 많은 이유는 이런 젊은 창업자들 때문이 아닐까?

열심히 일한 젊은이, 즐겨라~, 인도 술집의 수도

아시아에서 가장 많은 술집이 있는 곳이 어딜까? 바로 방갈로르다. 과거 밤 11시면 문을 닫았던 술집들은 이제 새벽 1시까지도 문을 열어 놓고 있다.

인도 북서부 모디 총리가 주 총리를 지냈던 구자라트 주(州)를 비롯한 인도 여러 개 주는 술 자체를 마시지 못하는 곳이다. 하지만 방갈로르는 다르다. 쇠고기 스테이크와 멋진 와인을 밤늦게까지 즐길

아시아에서 가장 많은 술집이
있는 방갈로르, 클럽 문화가 궁
금하다면 한번 가보자.

수 있는 곳이다. 물론 클럽의 열기를 느끼고 싶은 사람에겐 밤이 짧게

느껴질 것이다.

인도에서 만나는 야생, 배너가타 국립공원

방갈로르에서 남쪽으로 22km 정도만 가면 260km^2(서울시 면적의 약 3분

의 1에 해당)인 배너가타 국립공원(Bannerghatta National Park)이 있다. 이

공원은 6km의 멋진 사파리 코스가 있어 호랑이와 사자, 곰, 코끼리

가족을 만나볼 수 있다.

방갈로르 랄바그 식물원에서 느끼는 힐링타임

인도 사자, 아프리카 사자와 다르다?

그동안 벵골 호랑이에 가려 잘 알려지지 않았던 아시아 사자, 즉 인도 사자에 대한 유의미한 개체 수 변화가 최근 한 연구조사 결과 밝혀졌다. 한때 서남아시아 일대를 무대로 활약한 아시아 사자는 인간들의 사냥과 서식지 침범 등으로 생존 위협을 받아 현재는 인도 북동부 구자라트 주 1,400㎢의 '기르 야생보호구역'에서만 서식하고 있다. 최근 조사에 따르면 사자의 수가 2015년 523마리에서 현재 600마리 이상으로 늘어난 것으로 나타났다.

1960년대 후반 약 180마리에 불과했던 아시아 사자는 환경 보호론자들의 지속적인 멸종 위기종 지정 요구로 인해 2008년에 멸종 위기종으로 등재되었고 그 후 보호 프로그램을 본격적으로 가동하기 시작했다. 현재 아시아 사자의 개체 수는 매년 약 2%씩 증가하는 것으로 추정되고 있다. 고양이과로 아프리카 사자의 사촌인 아시아 사자는 약 10만 년 전에 서로 분리되었다. 아프리카 사자에 비해 체구가 작고 갈기가 짧은 것이 특징이다. 외모는 목에 살이 덥혀 주름이 있는 것이 특징이며, 갈기가 짧아 귀가 항상 밖에 드러나 있다. 구자라트에 서식 중인 아시아 사자는 과거에는 밀렵꾼들의 주요한 표적이었으나 지금은 구자라트 주의 주요한 관광 자원으로 변모했다.

구자라트 야생동물보호위원회 소속 회원인 프리야브랏 가디빗은 "사자의 개체 수 증가에는 잘 훈련된 직원, 수의사들만 아니라 농민의 역할도 상당히 중요했다"고 말한다. 그러면서 "자신들이 기르는 가축을 사자들이 번번이 공격해와 피해가 이만저만이 아니었을 텐데도 이를 참아낸

닮은 듯하면서도 다른 아프리카 사자(왼쪽)와 아시아(인도) 사자(오른쪽)

구자라트 주 지역 농민들의 인내에 감사한다"고 말했다. 덧붙여 효과적인 보전 관리와 숙련된 직원들의 노고가 사자 개체 수 증가에 크게 이바지했다"고 자랑한다.

구자라트 주의 사자 개체 수 보존을 위한 활동은 앞으로도 지속될 것이다. 또 2020년에는 사자 개체 수에 대한 대대적인 조사가 이뤄질 전망이다. 환경론자들이 인간과 동물의 갈등을 줄이고 전염병과 자연재해 등으로 인한 갑작스러운 멸종을 막기 위해 다른 주에 있는 동물 보호구역으로 일부 개체를 이동시킬 것을 제안하고 있다. 조만간 후속 조치도 이뤄질 것으로 보인다. 아시아 사자는 과거 그리스에서 아라비아, 인도까지 다양하게 분포했다. 그러나 이후 급격히 개체 수가 감소하여 그리스에서는 100년, 다른 지역들은 1800년대까지 차례로 멸종했다. 현재는 인도 북부 일부에만 남아 있다. 로마 콜로세움에 등장하는 사자는 영화와는 달리 아프리카 사자가 아닌 아시아 사자이며, 『성경』이나 『탈무드』 등에 나오는 사자도 아시아 사자와 동일종이다.

의사소통? 걱정 마. 영어면 OK!

방갈로르에서는 다른 지역과는 달리 지역 언어인 카라나타카 (Karnataka)어를 몰라도 식당과 이동 수단 등 기초적인 생활을 할 때 현지인과 언어가 통하지 않아 겪는 어려움이 적다. 교육열이 높은 남부 지역 특성으로 거의 모든 사람이 기초적인 수준 이상의 영어가 가능하기 때문이다.

또한 인도에서 가장 개방적 문화를 가진 곳이 방갈로르다. 인도에서 터부시되는 동성애에 대한 편견도 방갈로르에서라면 크게 걱정하지 않아도 된다.

놀라운 방갈로르 이야기 몇 가지 더

방갈로르의 흡연율은 인도 최고다.

방갈로르에는 22개의 공과대학이 있고 국립 방갈로르 대학

사진: The better Inida

거리에서 커밍아웃? 인도에서 가장 개방된 문화를 가진 방갈로르에서는 물론 가능

인도 4차산업혁명, 세계를 움직이다

(Bangalore University)은 57개의 엔지니어링 전공 과정을 보유하고 있다.

방갈로르는 세계에서 가장 많은 이륜차를 보유하고 있는 도시다. '프랑스 파리 동쪽에 있는 패션 도시'라고 불릴 정도로 멋쟁이가 활보하는 곳이 방갈로르다. 미국 IT 전문가의 60%를 차지하는 인도인 중 대부분은 방갈로르 출신이다.

인도의 수도 델리를 제외하고 가장 높은 수준의 경찰력(치안)을 보유하고 있다.

서울 인구와 거의 같은 천만 대도시 방갈로르

/

방갈로르는 인도의 수도 뉴델리에서 비행기로 두 시간 반 정도 남쪽으로 비행하면 도착하는 도시로, 카르나타카 주의 주도(州都)다. 29주와 7개의 연방직할령이 있는 인도의 남쪽에 위치한 카르나타카 주는 면적은 7위, 인구는 8위 규모다(2011년 인구센서스 결과).

방갈로르(Bangalore)라는 명칭은 원래 카르나타카 주의 지역 언어인 칸나다어(kannada)의 벵갈루루(Bengaluru)를 영국 식민 시대에 영어 발음으로 변환하여 정한 것이다.

최근 몇 년, 식민지 시대 전의 명칭으로 바꾸는 움직임이 활발해져 봄베이가 뭄바이로, 마드라스가 첸나이, 캘커타가 콜카타로 바뀌었다.

방갈로르도 2014년 11월 1일부터 "벵갈루루(Bangaluru)로 개명한다"는 정부 발표가 있었다.

인도의 영자신문에서는 전부 벵갈루루라는 표기로 바뀌어 있으나, '방갈로르'라는 명칭이 일반적으로 사용되는 경우가 많기 때문에 이 책에서는 '방갈로르'로 통일해서 언급할 예정이다.

방갈로르 시의 면적은 741km²로 서울시 면적 약 605km²보다 넓다. 인구는 2011년 인구 센서스에서 약 850만 명으로 뭄바이, 델리 다음으로 인도 제3위였으나, 인구증가율 측면에서는 인도 최고 수준이다. 뿐만 아니라 젊은 층의 인구 비중도 주요 대도시들 중 가장 높다. 2018년 현재 인구는 약 1,100만 명으로 추정된다. 2001년 인구 조사에서 500만 명이었던 인구는 불과 20년 만에 두 배 정도 증가했다.

인구가 늘고 있는 주요한 이유 중 하나는 IT 산업의 세계적 중심지로 지위를 확고히 하고 있어, 인도 전역으로부터 IT 기술자와 그 가족들이 모여들고 있기 때문이다.

방갈로르, 은둔의 정원 도시에서 글로벌 도시로 성장하다

인구의 지속적 증가는 도시의 발전을 가져올 수밖에 없다.

방갈로르를 대표하는 대형복합시설인 UB시티 거리 중심에는 샤넬, 루이뷔통 등 명품 매장이 즐비하다. 도시 전체는 공사가 한창이고 거대한 건물은 하루가 멀다 하고 문을 열고 있다. 고급 아파트와 고급 주거지도 증가하고 있다. 방갈로르는 외국인이 꼽은 인도에서 가장 살기 좋은 도시로 평가받고 있다. 타지(Taj) 호텔을 비롯한 인도의 전통적인 고급 호텔 외에도 하루 숙박비가 50만 원 이상 하는 리츠 칼튼, 샹그릴라, 쉐라톤 등 고급 호텔체인도 잇달아 진출하고 있다. 뿐만 아니라 방갈로르 출신 22세 대학생이 몇 년 전 창업해 미국에서 무려 1억 9,000만 달러를 투자받은 호텔 체인 오요(OYO)에서는 단돈 2~3만 원으로 안전하고 깨끗하고 저렴한 숙박시설을 구할 수 있다.

방갈로르는 2008년에 국제공항이 신설되었다. 최근 인천공항에 근무하던 한국 출신 부사장이 방갈로르 국제공항에 부사장으로 부임했다. 매년 20% 이상 증가하는 항공 수요를 감당하기 위해 신규 공항 오픈을 준비하는 방갈로르 공항 입장에서는 한국의 우수한 서비스 운영 노하우 확보가 시급했기 때문이다.

방갈로르 항공편은 아시아에서는 싱가포르·타이·말레이시아·유럽에서는 런던·파리·프랑크푸르트, 중동에서는 두바이·아부다비 등 직항편이 있다. 두바이에서는 비행기로 네다섯 시간, 몰디브는 한 시간 반, 스리랑카에서는 한 시간 정도면 갈 수 있어 최근 주머니 사정이 넉넉한 중산층들의 해외 여행도 늘고 있다. 돼지고기 같은 식재료나 생필품 등 인도에서 구하기 어려운 것은 휴가 등을 이용해 타이에 가서 구매하곤 한다.

방갈로르와 교류가 잦은 미국 실리콘밸리를 가기 위해 중동이나 유럽을 경유하는 경우가 많다.

방갈로르 국제공항의 야경. 공항도 관광지로 착각할 정도다. 이 공항의 부사장은 한국인이다.

　　지하철을 살펴보면 2016년 4월에 동서 라인(PURPLE LINE)이, 2017년 6월에는 남북 라인(GREEN LINE)이 개통되어 인구 증가로 최악의 교통 정체를 보이던 도시에 숨통을 틔워주고 있다. 또한 2023년까지 5호선까지 건설돼 도시를 좀더 풍요롭게 만들 것으로 보인다. 참고로 이 지하철은 일본 자본으로 건설되고, 일본 건설 회사들이 참여하고 있다. 일본은 이 건설뿐만 아니라 인도 기업들이 많이 진출한 북서부 구자라트 주도(州都) 아메다바드와 인도 경제 수도 뭄바이까지 500km 구간을 잇는 신칸센을 18조 원의 예산을 들여 건설하고 있다. 일본 정부는 0.1%의 최소 이자로 이 프로젝트에 대해 8,800억 루피(한화 14조 4,000억 원) 차관을 50년 상환 조건으로 제공했다. 현재 인도 이자율이 약 7%인 것을 감안한다면 상당히 좋은 조건이다.

　　아메다바드와 뭄바이를 달릴 고속철도는 시속 350km의 속도로

인도 4차산업혁명, 세계를 움직이다

세 시간 안에 두 도시를 연결할 예정이다. 2023년까지 개통할 예정이지만 2022년까지 일부 구간을 먼저 개통한다는 것이 인도 정부의 계획이다.

정원의 도시
방갈로르의 생활 환경

/

기후는 의외로 쾌적하다. 인도라고 하면 40도를 넘는 몹시 심한 더위를 연상한다. 하지만 이것은 델리 등 북부의 이야기다. 방갈로르는 인도 남부 데칸 고원 920m 지점에 자리 잡고 있어, 연간 기온은 최저 15도, 최고 35도 정도다. 습도가 낮아 영국 식민지 시대 때는 피서지로 유명했다.

앞서 언급했듯이, 방갈로르 거리는 나무가 무성하고 공원이 잘 정비되어 있어 '가든 시티(정원의 도시)'라 불리고 있다. 4월 방갈로르의 거리를 걷다보면 여기저기 맛 좋은 망고를 팔기 시작하는데 세계에서 가장 맛있는 망고로 손꼽힌다. 방갈로르가 지닌 천혜의 기후, 환경은 '연금 수령자의 도시'라는 방갈로르의 또 다른 별명을 떠올리게 한다.

최근 도시화가 급격히 진행되면서 방갈로르를 상징하던 호수와 산림이 줄어들고 있다. 이에 대기 오염이 심각해지고 있어 의식 있는 많은 사람들이 우려를 하고 있다.

방갈로르어가
따로 있을까?

/

인도는 22개 지방어와 1개의 국제어(영어)를 가진 나라로, 국어가 존재하지 않는다. 방갈로르에서 주로 쓰는 언어는 힌디어 외에 카르나타카 주 지역언어인 칸나다어, 그리고 도시에서 사용하는 영어가 있어 충분히 커뮤니케이션이 가능하다.

특히 고학력의 젊은이들이 다른 지역보다 많아 영어로 의사 소통하기가 다른 지역에 비해 수월하다. 영어 발음에 문제 제기를 하는 사람들이 많지만 몇 달만 지나면 익숙해지게 된다.

방갈로르 인구의 다수를 차지하는 드라비다족은 부드럽고 선한 성품이 특성이다. 드라비다 민족이 주로 쓰는 타밀어, 텔구어, 칸나다어는 한국어 단어와 상당히 유사하다.

예를 들면, 엄마는 '암마(Amma)', 아빠는 '압빠(Appa)', 나는 '나누(Nannu)' 등 유사한 단어가 상당히 많다. 타밀어의 경우 한국어와 유사한 단어가 약 1,400개나 있다.

인도에서
쇠고기 스테이크를 맛본다?

/

방갈로르에서 먹을 수 있는 요리의 종류는 매우 다양하고 풍부하다.

한국에서 맛보는 인도요리점은 북인도요리가 주류지만, 방갈로르는 남인도요리의 중심이다. 인도요리는 주(州)와 지방에 따라 다르고, '인도는 100km 떨어지면 요리가 다르다'고 말할 정도로 다양하다.

나 역시 방갈로르에 거주하며 방갈로르 음식을 자주 먹었는데. 우리 입맛에 잘 맞는다는 것을 느꼈다. 북인도 음식과는 차원이 다른 맛이 일품이다.

방갈로르에는 중식, 이탈리아식, 타이식, 일식 등 다양한 나라의 음식을 맛볼 수 있다.

힌두교 신자가 80%나 되는 인도에서는 2015년 몇 개의 주에서 '쇠고기 금지령'을 내릴 정도로 소를 신성시한다. 이런 인도에서 드물게 방갈로르 스테이크 하우스에서는 상당히 맛있는 스테이크를 맛볼 수 있다.

또 술과 관련해서 음주를 꺼리는 풍습으로 선거일과 국경일과 같은 특별한 날을 '드라이 데이'라는 금주일로 정하거나, 구자라트 주와 같이 '드라이 스테이트'라고 하여 술을 마실 수 없는 주도 몇 개 존재한다.

하지만 방갈로르에서는 쇠고기도 먹을 수 있고, 주류를 취급하는 레스토랑도 많다. 또 와이너리도 있어 삶의 풍미를 더해주고 있다.

하이(High) 교육 수준,
하이 테크놀로지!

/

방갈로르에는 IT 기업뿐만 아니라 인도 생명과학 기업 40% 이상이 이곳에 자리 잡고 있다.

또한 우리별 3호 발사체와 아시아 최초 화성 탐사 위성을 개발한 인도우주연구기구(ISRO), 아시아 최대 군사 항공·방위 산업 제작사 HAL이 방갈로르에 있다. 방갈로르에 이러한 방위 산업 기업이 위치한 이유는 1947년 독립과 함께 위험한 국경과 해안을 피해 안전한 방갈로르를 선택했기 때문이다. 샌달 우드로 불리며 연간 150편 이상의 영화가 제작되는 칸나다(Kannada) 영화산업단지와 픽사, 드림웍스 등 많은 애니메이션 회사와 특수효과(VFX) 기업도 자리 잡고 있다.

지금은 인도 5대 도시 중 하나로 꼽히는 방갈로르이지만, 어떻게 인도 IT 산업의 중심지로 발전했을까? 방갈로르에는 인도국립디자인대학교, 국립패션대학교, 구글의 회장 선다 피차이, 선마이크로 공동 창업자 비노드 코슬라 등 수많은 글로벌 기업 CEO를 배출한 IIT 방갈로르 캠퍼스 등 유명한 학교가 많다. 원래 남인도는 북인도에 비해 교육열이 높은 지역이다.

그중에서도 방갈로르는 대학이나 전문학교 등 높은 수준의 교육기관들이 많다. 흔히 MIT를 가지 못하면 IIT(인도공과대학: Indian Institute of Technology)에 간다는 말이 있을 정도로 세계 수준의 교육 환경을 가지고 있다. 방갈로르에는 1909년 개교한 인도 국내 최고 수준으로 평가받고 있는 인도이과대학(Indian Institute of Science)이 있고, IIM Bangalore(인도경영대학원 방갈로르 캠퍼스: Indian Institute of Management Bangalore)는 인도의 비즈니스 스쿨 중 최고다.

이와 같이 고도의 교육기관에 의한 기술계 인재의 배출과 항공우주나 방위 등 최첨단 연구 개발기관의 진출이 방갈로르의 기반을 키워왔다. 거기에 새로운 기술, 산업으로 발전을 시작한 IT 기업들이 모여드는 것은 너무나 자연스러웠을 것이다.

최근 방갈로르에는 바이오 테크놀로지 기업들도 클러스터를 형성하고 있고, 인도 최대 바이오콘(Biocon)도 본사를 방갈로르에 두고 있다. 뿐만 아니라 관련 스타트업들도 급증하고 있기 때문에 방갈로르는 바이오 테크놀로지의 허브라고도 불리고 있다.

세계적 사건 'Y2K', 인도를 IT 강국으로 만들다

컴퓨터가 일반화된 것은 1980년대로 거슬러 올라가 애플 컴퓨터가 개인용 컴퓨터 시장에서 각광받았던 때와 일치한다. 인도 국내에서도 1980년대 신흥 IT 서비스 기업이 설립돼 방갈로르에 자연스럽게 모이게 되었다.

현재 인도 제2위의 IT 서비스 기업이며 1999년에 인도기업 가운데 처음으로 나스닥에 상장한 인포시스(Infosys)는 1981년에 인도 뭄바이 인근 푸네에서 창업하여, 1983년에 방갈로르로 이전했다. 또 인포시스와 경쟁관계인 위프로(Wipro)도 1980년대에 IT 산업에 진출하여 방갈로르에 거점을 두게 되었다.

1985년에는 세계에서 처음으로 IC(집적회로)를 개발한 미국 텍사스 인스트루먼트(TI)가 연구 개발 거점을 방갈로르에 차렸다. 남아 있는 그때의 사진을 보면 소달구지로 데이터 통신용의 파라볼라 안테나를 오피스에 옮긴 것을 알 수 있다.

그 후, 마이크로소프트, 인텔, 시스코 등 유명한 글로벌 IT 기업이 연이어 진출했다. 동시에 인도 국내에 IT 서비스 기업들도 1990년대부터 본격적으로 방갈로르에서 탄생하게 되었다.

이런 커다란 움직임 뒤에는 인도 정부가 있다. 인도 정부는 1991년부터 IT 진흥책의 하나인 'STPI(Software Technology Parks of India) 정책'을 강력히 추진해오고 있다.

STPI는 컨설팅, 교육과 지원, 네트워크 설계, 시스템 통합, 설치, 운영과 유지보수 등을 포함한다.

1991년, 방갈로르 남부 일릭트로닉 시티에 최초의 STPI가 개설되

텍사스 인스트루먼트가 방갈로르에 진출한 1985년 이사 장면, 소가 컴퓨터 등을 나르고 있다.

인도 4차산업혁명, 세계를 움직이다

어 통신환경 정비, 세금 우대가 적용되었다. 대상에는 인도 기업뿐만 아니라, 해외 기업도 포함되었기 때문에 자연스럽게 글로벌 기업 유치가 되고 있다.

또 인도 정부는 1947년 독립 이후 1991년까지는 사회주의 경제 정책을 펼쳤고 뇌물수수 등 부정부패가 정부 관료들 사이에 횡행했었다. 하지만 IT 산업은 정부 관료의 이해도가 낮아, 깊게 관여할 수 없었다. 그래서 아이로니컬하게도 IT 산업이 부정부패에 휩쓸리지 않아 다른 산업에 비해 건전하게 발전해온 것으로 알려져 있다.

결국 STPI가 국내외 IT 기업에서 메리트가 큰 제도였음은 틀림없고, 이 수혜를 받기 위해 방갈로르에 기업이 모여든 것이다.

IT 기업이 다수 진출한 영향으로 방갈로르에서는 공대 신설도 잇따랐다. 이로 인해 방갈로르 IT 기업은 젊고 우수한 인재를 확보하기 쉬웠으며, 그렇게 확보된 인재는 기업 성장의 엔진으로 자연스럽게 이어졌다. 또 뿌리 깊게 남아 있는 카스트 제도가 IT 업계에서는 적용되지 않은 것도 우수한 인재를 가까이 끌어들이는 결과를 가져왔다.

현재는 STPI와는 별개로 SEZ(Special Economic Zone: 경제특별구)라는 제도가 있어, SEZ에 거점을 두면 각종 면세를 비롯해 수출 금액의 5%에 해당하는 보조금 지급 등 다수의 혜택을 가져갈 수 있다. 방갈로르에는 다수의 SEZ로 지정된 테크놀로지 파크가 있다.

STPI의 도입으로 방갈로르에는 IT 기업이 많이 모여들어 해외 최대 글로벌 아웃소싱 허브로 발전을 거듭하고 있다.

IT 서비스에 있어 해외기업들은 인도 IT 기업에 자사의 모든 IT

서비스 개발을 맡기는 방식과 자사의 지사를 설립해 직접 개발하는 방식으로 업무가 이뤄지고 있는데, 여기서 중요한 것은 두 방식 모두 상당한 가격 메리트가 있다는 사실이다. 인도는 인건비가 선진국에 비해 상대적으로 저렴하다. 유럽과 미국의 3분의 1 이하의 금액으로 발주가 가능하기 때문에 매우 매력적인 곳이다.

한국 그 어떤 기업이 현지법인을 만들더라도 우수하고 젊은 인재를 한국에 비해 훨씬 낮은 비용으로 고용할 수 있다. 13억 명이 넘는 인도 인구 중, 절반이 넘는 수가 25세 이하이고 방갈로르에는 다수의 공대가 있고, 그 학교에서는 매해 수많은 엔지니어를 배출해내고 있다. 이런 젊은이들이 영어로 커뮤니케이션을 한다는 것은 미국과 유럽 기업에게는 큰 매력이다.

뿐만 아니라 미국 실리콘밸리와 인도는 열세 시간 반의 시차가 있다. 따라서 미국에서 퇴근 전에 업무 발주를 하면 인도에서 작업이 이루어져 다음날 아침 출근하면 완성되는, 이른바 '잠들지 않는 개발'이 가능하게 된다. 이 또한 미국 기업에게는 엄청난 메리트가 되는 것이다.

이런 이유로 인도와 손잡지 않을 이유가 없는 것이다. 인도, 특히 방갈로르에 진출하는 유럽과 미국 기업은 매년 늘고 있다. 1990년대에 이미 마이크로소프트, 인텔, 오라클, 시스코, 필립스, 지멘스 등이 인도에 발을 들여놨다. 2000년에는 GE가 미국 이외에서 세계 최대의 연구 개발 거점을 개설하고 그 후 구글, 엔비디아, 마이크로 소프트 등 수많은 기업이 진출하기 시작했다. 삼성전자도 방갈로르에 연구소를 1992년에, LG전자는 1996년에 설립해 운영하고 있다.

1999년과 2000년 사이 방갈로르를 한 단계 발전시킨 사건이 발생했는데 다름 아닌 Y2K 문제(2000년 문제 또는 밀레니엄버그)였다. 컴퓨터는 연도 표시할 때 마지막 두 자리만을 인식한다. 따라서 2000년 1월 1일을 1900년 1월 1일과 같은 날로 인식하는 현상이 발생할 것으로 예상되어 대혼란이 일어났던 사건이다. 이 문제가 2000년부터 발생하기 때문에 밀레니엄버그라고 부르게 되었다.

이 오작동을 방지하기 위해 전 세계적으로 방대한 규모의 소프트웨어의 수정작업이 필요했고, 인도의 엔지니어들 손에 의해 말끔히 수정 작업을 끝낼 수 있었다. 인도의 IT 강국 입지는 이때 만들어진 것이 정설이다.

지금까지 언급한 내용은 과거의 방갈로르의 모습을 들여다본 것이다. 이 책을 읽는 독자들은 여기까지 이야기는 대부분 상식으로 알고 있을 것이다. 하지만 최근 방갈로르는 전 세계 소프트웨어 하청 거점이라는 인식과는 달리 너무나 혁신적이고 급격한 변화를 보이고 있다. 이러한 변화는 일부의 변화가 아니다. 인도 전체의 변화라 해도 과언이 아니다.

제2장부터 그 변화 속으로 더 깊게 들어가 변화의 생생함을 느껴볼 수 있도록 하겠다.

제2장

세계 IT 중심지로
급성장하고 있는 방갈로르

제1장에서 인도는 전 세계 기업 소프트웨어 서비스를 도맡아 담당하는 일로 IT가 강한 국가라는 이미지가 만들어진 사실을 설명했다. 그렇다면 실제 그 이미지를 만들어낸, 우리에겐 생소하지만 글로벌에서는 나름 잘나가는 유명 기업들과 그 기업을 움직이는 사람들이 왜 방갈로르에 너나 할 것 없이 자리를 잡고 있는지, 더 나아가 그들은 그것을 활용해 어떻게 비즈니스 모델을 만들어나가고 있는지에 대해 살펴보려고 한다.

우리의 구매 행동은
방갈로르에서 분석된다

/

최근 인도 최대의 전자 상거래 회사 플립카트를 무려 17조 3,000억 원에 인수해 화재가 된 세계 최대 슈퍼마켓 체인인 월마트, 그리고 미국 2위의 할인 마트 타깃(Target)의 방갈로르 연구소에서는 어떤 일이 벌어지고 있을까?

또한 아산병원, 신세계 등 수많은 국내 기업이 사용하고 있는 MS(마이크로 소프트) 애저(Azure) 서비스를 운영하는 인도 방갈로르 MS 연구소에서는 또 어떤 일이 벌어지고 있을까?

정답부터 말하자면 AI(인공지능)를 활용한 빅데이터 해석이 이뤄지고 있다. 조금 더 구체적으로 이야기하면 소매기업인 월마트(WalMart)나 타깃 등은 매장 방문 고객의 구매 행동 분석, 최저가 유지 가격 전략 분석, 유통 비즈니스 밸류 체인 최적화 등 그들이 획득한 데이터를 활용해 다양한 사업 모델을 개발하고 있다.

세계적으로 유명한 기업들과 그 기업을 움직이는 사람들이 모이는 방갈로르의 전경

또한 AI 기술을 활용해 '특정 타깃 고객은 어떤 상품과 어떤 상품을 함께 구입하는 경향이 클 것인가?' '부모와 함께 온 자녀의 구매 행동의 특징은?' '매장 방문 시, 어떤 동선으로 쇼핑을 할까?' 등 사람들의 일상적인 쇼핑 행동 분석 등이 방갈로르 연구소에서 이루어지고 있다.

빅데이터 분석은 이제 방갈로르와 인연을 튼 회사라면 업종을 불문하고 이루어지고 있는 일상 업무가 되어버렸다. 타깃은 인도에서 매장을 운영하고 있는 월마트와는 달리, 인도에는 한 군데의 매장도 없다. 하지만 타깃의 방갈로르 개발 거점은 미국 본사가 있는 미시시피강 상류 도시 미네아폴리스(Minneapolis)에 버금가는 규모로 제2의 본사 역할을 하고 있다.

방갈로르에 대규모 거점을 운용하는 것은 IT 기업뿐만 아니다. 타 업종 기업도 수천 명 규모의 연구 거점을 마련하고 있다.

전기 및 산업기기는 필립스, GE, 지멘스, 삼성, 소니, LG 등이 있다.

자동차 분야에서도 메르세데스 벤츠와 현대를 비롯한 많은 회사들과 세계 최고의 자동차 부품사 보슈 등이 있다. 항공 우주와 석유화학분야에서도 하니웰 등 셀 수 없을 정도로 많다.

방갈로르를 중요시하고 있는 것은 세계적인 기업뿐만 아니다. 각국의 정부도 주목하여 VIP들이 번갈아가며 방문하고 있다. 2015년에는 독일 메르켈 총리가 방갈로르를 방문하여 인도 모디 총리와 함께 강연회를 개최했다. IT를 활용해 독일 제조업을 혁신하는 '인더스트리 4.0'이 독일 정부 주도로 진행되고 있는데 메르켈 총리의 방문은

'인더스트리 4.0'을 추진하는 데에 방갈로르의 역할이 얼마나 큰 것인가를 보여주고 있다.

1990년대부터 방갈로르는 인도 IT 산업의 중심지로서 발전해왔지만, 세계적으로 본격적인 각광을 받게 된 계기는 프로그램 개발과 운영 관리 등 메인 업무 외에 업그레이드나 테스트 등 단순한 공정에 인력 투입이 많은 노동집약적 업무를 진행하게 되면서부터였다.

특히 미국 실리콘밸리 IT 기업들에게 방갈로르의 역할은 절대적이다. 앞에 언급한 바와 같이 인도 사람들은 영어를 쓰기 때문에 의사소통도 쉽고, 실리콘밸리와 열세 시간 반의 시차가 있어 미국 근로자가 퇴근하고 지시한 사항에 대해 다음날 아침 출근 무렵이면 결과물이 나오기 때문이다. 그 후 기술력이 상승함에 따라 미국뿐만이 아닌 유럽과 일본 IT 기업들도 방갈로르를 활용하게 되었다.

최근 방갈로르는 인건비를 낮추기 위한 선진 기업들이 활용하는 곳만이 아닌, 최첨단 기술을 활용한 연구 개발 전략 거점으로 거듭나고 있다.

방갈로르에 없으면
글로벌 IT 기업이라 말할 수 없다

방갈로르에 대규모 연구 개발 거점을 마련한 IT 기업을 열거하면, 우선 소프트웨어, 인터넷, IT 기기 분야에는 마이크로소프트, 구글, 아마존, 오라클, SAP, 어도비 시스템스, HP, Deli, EMC, 넷업 등이 있다. IT 서비스, 컨설팅 분야는 IBM, 액센추어, 캡제미니 등이 있다. 반도체 기업은 텍사스 인스투르먼트, 인텔, 퀄컴, AMD, 엔비디아 등이 있다. 통신, 네트워크 장비 업체로는 시스코, 제니퍼 네트워크, 노키아, 에릭슨, 화웨이 등이 있다.

열거하다보니 진출하지 않은 기업을 찾는 편이 빠르겠다는 생각마저 든다. 하지만 더 놀라운 것은 그 대다수가 본국을 제외하고 인도에 최대 규모의 연구 거점을 마련하고 있다는 것이다. 수천 명의 직원을 보유하고 있는 것은 당연한 일인데, 특히 IBM과 액센추어 등은 인도 전체에서 10만 명 넘는 직원을 거느리고 있다. 현재 IBM 인도법인에서 근무하는 직원은 약 13만 명으로 전 세계 IBM 근무 직원의 3분의 1에 해당한다.

질적인 면을 살펴보면, IBM의 경우, 자사가 등록한 국제 특허 가

세계 네 번째로 만들어진 SAP 방갈로르 레오나르도 혁신 센터 전경

인도 4차산업혁명, 세계를 움직이다

운데 10분의 1가량이 인도에서 획득한 특허다. IBM 인도는 IBM이 2017년 글로벌 시장에서 획득한 총 9,043건의 특허 가운데 800여 개를 획득해 미국 본사를 제외하고 가장 많은 숫자다. 이는 전 세계 40여 개 국가에 산재해 있는 IBM 연구소 중에 미국을 제외한 최고의 성과다. 특허 건수에서도 알 수 있듯이 인도 IT 기술은 나날이 발전하고 있다.

IBM 특허 가운데는 클라우드 컴퓨팅 관련 특허가 1,900개, 인공지능이 1,400개, 사이버 보안 분야가 1,200개에 이른다. 최근에는 블록체인과 양자 컴퓨터 분야 등으로 IT 기술 트렌드가 진화하고 있다.

IBM 인도가 집중 취득하는 특허 분야를 살펴보면 거의 절반이 인공지능, 클라우드 컴퓨팅, 사이버 보안, 블록체인, 그리고 양자 컴퓨터 분야에서 이뤄지고 있다.

사진: Infosys

세계적 IT 기업 인포시스 방갈로르 본사 전경

머지않아 방갈로르,
세계 IT의 중심이 될 것

/

방갈로르에서 최첨단 연구 개발이 이루어지고 있는 중요한 이유 중 하나는 새로운 분야의 전문가를 양성하기 쉽다는 것이다. 인도 이공계 출신 졸업생은 매년 약 100만 명이 배출된다. 그 가운데 20~30만 명이 IT 업계에 채용되고 있는 상황이다.

방갈로르에 있는 IT 엔지니어는 100만 명 이상으로 인도 IT 인재의 35%는 방갈로르에 있다. 엔지니어 숫자가 이대로 증가한다면 2020년에는 200만 명을 돌파하여 엔지니어 규모만으로 실리콘밸리를 앞질러 세계 최대의 IT 중심지로 자리매김하게 될 것이다.

최근 트럼프 정부는 해외 이민자를 막기 위해 취업 비자 발급을 제한하는 등 여러 조치를 취했다. 하지만 이런 조치를 가장 반대한 기업들은 구글, 애플, 마이크로 소프트 등 IT 기업들이다.

인도 출신 근로자를 많이 고용하고 있는 실리콘밸리의 대표 기업들은 트럼프의 일방통행식 정책에 반기를 들었지만 민간기업 차원의 문제 해결에는 한계가 있는 상황이다.

실리콘밸리 기업들은 만일 인도 출신 IT 근로자들이 일시에 자국으로 돌아가버리면 대안이 없기 때문에 일부 기업은 인도에 기술 센터를 확장하는 등 나름 준비를 하고 있다.

인도 IT 기업 입장에서도 인도 IT 수출의 60%를 차지하는 미국 시장에 새로운 센터 등을 건립하는 방법으로 비자 문제를 해결하기 위해 노력하고 있지만 여러 가지 걸림돌이 많다.

정부 정책에 반하는 이러한 미국 기업들의 이면을 들여다보면, 미국 IT 기업들이 인도 엔지니어들에게 얼마나 많이 의지하는지 알 수 있다.

미국의 이러한 조치는 오히려 인도 IT 기업들에게는 기회로 작용하고 있다. 해외로 향하던 인재의 발길을 방갈로르에 머물게 해 자신들의 기업을 더 강하게 만드는 계기가 되고 있다.

'인도인이 아무리 우수하다 해도 그것은 일부 사람들의 이야기겠지'라는 착각을 하고 있는 한국사람들이 아직 많다. 하지만 실상을 들여다보면 다양한 인재풀이 만들어나가는 디지털 환경은 우리가 상상하는 것 그 이상이다.

한국에서 만일 기술연구소를 짓는다고 하면 인재 모집에 상당히

최첨단 연구 개발이 이뤄지고 있는 방갈로르에선 새로운 전문가를 양성하기가 쉽다(방갈로르 일렉트로닉스 시티 전경)

많은 시간과 노력이 들어갈 뿐만 아니라, 인재 그 자체를 찾는 것도 힘들 것이다. 하지만 인도는 한번에 그런 인재들을 채용해 연구소를 만드는 것이 가능하다. 또 그 인재들이 영어를 자유롭게 구사하기 때문에 영어로 된 최신 정보를 습득하기 쉬워 금방 경쟁력을 확보하게 된다.

방갈로르를 활용하는 방법을 아직도 저렴한 인재를 활용해 코딩이나 하는 정도의 수준이라고 생각하는 한국인을 많이 보게 된다. 이런 인식 수준이라면 인도를 제대로 모르고 있는 것이다. 우리가 이정도로 사고하는 것은 그들의 진정한 수준을 경험하지 못했거나 우리가 그 정도의 수준이 되지 못하는 것은 아닐까?

세계 IT 트렌드가 어디로 향하는지 보려면 방갈로르를 보라

최첨단의 연구 개발 프로젝트가 미국 실리콘밸리에서 벌어지고 있을 때 방갈로르에서는 실리콘밸리와 함께 연구하며 보조를 맞추고 있다. 뿐만 아니라 다른 국가나 지역의 최첨단 연구의 파트너도 방갈로르다. 이렇듯 전 세계의 IT 트렌드 흐름이 어떻게 변하는지 살펴보려면 방갈로르를 보라. 그 트렌드를 만드는 방갈로르는 한발 먼저 움직이고 있다.

현재 스마트폰 OS는 안드로이드가 주류를 이루고 있지만, 2000년대 후반 안드로이드 탑재 스마트폰은 이제 막 태동한 시기였고 안드로이드의 미래는 불확실했다.

하지만 방갈로르는 알고 있었다. 조만간 안드로이드가 패권을 잡을 것이라는 사실을. 거의 모든 연구소와 기업이 안드로이드 관련 개발을 시작하고 있었기 때문이다. 정보 보안이 아무리 잘되고 설계도가 유출되지 않았더라도 어느 기업이 어떠한 일을 하는지는 모두 알 수 있기 때문이다.

삼성에서 개발한 OS 타이젠이 나온 지 꽤 오래되었다. 삼성으로서는 무조건 성공해야만 하는 일이지만, 방갈로르는에서는 아직 반응이 미온적이다. 즉 전망이 그리 밝지 않다는 것이다. 그래도 한국을 대표하는 IT 기업이 만든 OS가 해외를 평정하길 기대해본다.

최근 방갈로르가 집중하는 기술은 가상 통화 비트 코인의 기초 기술인 블록체인 기술이다. 상당히 많은 회사가 개발에 참여하고 있다는 소식이다. 빅데이터에 이어 블록체인 기술도 흥행의 조짐을 보이고 있다.

한때는 실리콘밸리에서 탄생한 트렌드가 유럽과 한국, 일본 등 선진국을 거쳐 마지막으로 인도 등의 신흥국에 전달되는 흐름이었다. 하지만 현재는 실리콘밸리와 방갈로르가 최첨단 IT 트렌드를 이끌고 (이런 트렌드가) 선진국으로 전달되는 역전 현상을 보이고 있다.

현재 스마트폰으로 대표되는 IT 혁명은 IT와 다른 것들이 합쳐진 융합에 의해 이루어지고 있다. 그 핵심인 스마트폰은 모든 비즈니스 생태계를 바꿔놓았다. 4차산업혁명은 초연결 사회이다. 인터넷에 접속된 IT 기기가 서로 연결되어 만들어내는 사물인터넷, 빅데이터를 근원으로 사람들의 행동을 분석하는 데이터 사이언스, 블록체인을 필두로 금융과 IT를 융합해 한발 빠른 서비스를 실현하는 핀테크, 그리고 컴퓨터가 모든 것을 판단하는 AI 등은 현재와 미래 우리 생활과 비즈니스에 큰 영향을 미칠 것이다. 앨론 머스크의 전기자동차 회사 테슬라도 디트로이트가 아닌 실리콘밸리를 택했다. 그렇다면 이제 다음 그가 택할 장소는 어디일까? 실리콘밸리를 잇는 그다음 선택지는 방갈로르 아닐까?

유니콘 기업들이 탄생하고 있는 스타트업 도시 방갈로르

IT 산업의 거대 시장인 미국, 영국, 유럽, 캐나다, 호주, 일본도 만성적 인력 부족에 시달리고 있다. 유일한 해결책으로 인도 등 아시아 출신 기술 인력에 의지하고 있는 상황이다. 최근 일본의 경우 IT 서비스 인력의 심각한 부족을 해결하기 위해 인도 기술자들에 대한 특별 비자 발급 협정을 인도 정부와 체결한 바 있다.

인도 IT 서비스 및 소프트웨어 산업은 매년 8% 내외의 안정적 성장이 전망된다. 이는 글로벌 시장에서 인도 IT 서비스에 대한 의존도를 낮추지 않는 한 성장 속도는 떨어지지 않을 것으로 보인다.

인도 IT 서비스 및 소프트웨어 수출 규모는 지난 2017년 1,670억 달러로 이는 인도 수출 총액의 24%를 차지하는 규모다.

이런 IT 산업 중심 성장의 물결 위에 인도에서는 스타트업 붐이 일어나고 있다. 모디 정부는 '스타트업 인디아'라는 슬로건을 내걸고 최근 기업 설립을 하기 위해 거쳐야 하는 12단계 절차를 단 6단계로 줄여버렸다.

2017년 인도 스타트업에 대한 투자 규모는 2016년 대비 무려 세 배나 증가했고 특히 해외 투자기업들의 투자 금액은 167억 달러로 2016년 대비 92%나 급증했다. 스타트업 기업 수는 2016년 기준으로 5,000개로 미국과 영국에 이어 세계 3위까지 증가했다. 2010년 기준 480개에서 6년 만에 약 열 배로 급증한 것이다. 머지않아 미국에 이어 세계 2위의 스타트업 대국이 될 것으로 보인다.

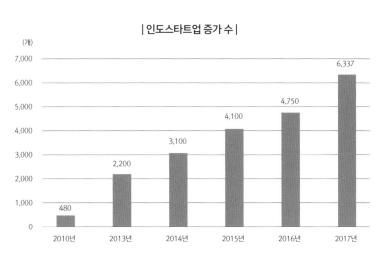

| 인도스타트업 증가 수 |

출처=NASSCOM

미국에 이어 세계 2위의 스타트업 대국이 머지않아(인도 스타트업 증가 추이)

스타트업이 증가하게 된 가장 큰 배경에는 스타트업 에코시스템이 잘 정비되어 있다는 점이다. 액셀 파트너스, 세쿼이어 캐피탈과 같은 미국의 유명한 벤처 캐피탈을 비롯해 타이거 글로벌 등 수많은 글로벌 펀드들이 방갈로르에 거점을 두고 있다. 뿐만 아니라 인도 국내에서 IT 서비스 기업을 세워 성공한 경영자들이 은퇴 후 엔젤 투자자로서 젊은 기업가에 투자하고 있는 시스템도 한몫을 하고 있다.

글로벌 기업도 인도의 스타트업을 자사의 혁신 전략으로 활용하여 스타트업의 성장에 한몫하고 있다. 액셀러레이터 프로그램이라는 명목을 내세워 다양한 지원 활동을 하고 있는 것이 그 예다. 인도 신문에 나온 어느 엑셀러레이터가 낸 한 광고를 예로 들자면, "우리가 필요한 기술은 ○○○이다. 이 기술을 보유한 사람들이 모여 기업을 만든다면 우리가 모든 것을 책임지겠다."라는 광고다. 내가 만나본 투자 위험성 등만 따지는 보수적인 한국의 벤처 캐피털과는 정말 다른 접근 모습을 방갈로르에서는 쉽게 볼 수 있다.

마지막으로 정부가 창업을 지원하지 않으면 창업 생태계가 무너지는 한국과 달리 인도에서는 정부의 역할이 거의 없다. 대부분 민간에 의해, 즉 시장에 의해 움직이는 창업 생태계가 펼쳐지는 곳이 바로 인도다.

중국 텐센트,
투자가치가 낮은 인도 뉴스 스타트업에 투자하는 용기

중국의 텐센트가 뉴스와 엔터테인먼트 연예 콘텐츠 서비스 중심으로 운영되는 인도의 '뉴스독(NewsDog)'에 4,000만 달러 투자를 최근 확정지었다. 텐센트는 이미 인도 전자상거래회사 플립카트, 승차공유 서비스 업체 올라, 병원 예약 서비스 업체 파락토와 그 밖에 인터넷 서비스 업체 등에 투자하고 있다. 그런데도 대규모 사용자를 보유하고 있는 인터넷 기반 콘텐츠 업체를 찾아 도박을 시작했다. 이는 인도 뉴스와 연예 콘텐츠 사업에서 가장 큰 규모의 스타트업에 대한 투자다. 벤처 캐피털사(VC) 관계자들은 "인도의 많은 인터넷 사용자들이 유튜브나, 페이스북 등 기존 플랫폼에 대한 대안을 원하고 있다. 그러니 뉴스독 같은 많은 사용자를 보유한 사업자들은 새로운 광고 수입을 끌어올 수 있을 것"이라며 콘텐츠 스타트업들에 대한 투자를 늘려가는 추세라고 분석하고 있다.

이와 별도로 아마존, 넷플릭스, 핫스타와 같은 회사들은 콘텐츠 확보에 막대한 자금을 쏟아붓고 있다. 뉴스독에 대한 투자 움직임은 콘텐츠 사업 중 가장 수익성이 낮은 모델로 간주되는 뉴스 모델에 대한 것으로 업계의 이목이 집중되고 있다.

인도에서 창업된 홍콩 기반 기업 인터스텔라가 소유하고 있는 뉴스독은 2016년 설립되었다. 하지만 설립한 지 2년도 되지 않아 텐센트의 경쟁사 알리바바가 소유하고 있는 UC뉴스, 인도 현지 스타트업 데일리헌트와 함께 인도 3대 뉴스 및 연예 콘텐츠 앱으로 성장했다. 인도와 홍콩에 각각 40명의 직원을 두고 있는 뉴스독은 플립카트, 아마존 등과 같은 다른 인터넷 업체만큼 사용자들에게 잘 알려지지 않았지만, 소규모 도시나 대도시 기반의 사용자들이 많은 것이 특징이다. 영어 이외에 힌디어를 비롯해 인도에서 사용되는 10개 지역 언어로 콘텐츠를 제공한다는 점에서도 사용자들의 호평을 받고 있다.

이 콘텐츠 플랫폼은 약 4,000만 명 이상의 사용자가 있으며 2,000개가 넘는 미디어 하우스와 1만 5,000명의 기자들로부터 기사를 공급받아 매일 4만 건 이상의 새로운 기사를 추가하고 있다. 뉴스독의 사용자들은 대부분 영어가 아닌 자신의 지역 언어로 기사를 검색하고 있다. 뉴스독 최고 경영자 유쿤은 "힌디어로 된 텍스트와 이미지, 비디오를 갖춘 뉴스 서비스 생태계를 조만간 구축할 예정이며 조만간 수억 명의 사용자를 확보할 수 있을 것"이라고 말한 바 있다.

뉴스독은 블록체인 기술을 채택해 성장 속도와 사용자의 투명성을 높이고 있고 CNN과 협력하는 블록체인 기반의 콘텐츠 생태계를 도입하고 있다. 뉴스독은 인도에서 Xender(젠더), UC브라우저, Mx플레이어 등과 더불어 인기를 끌고 있는 서비스다. 이런 서비스는 저가 스마트폰에 맞게 제작되어 도시 외곽에 사는 대다수 저가폰 사용자들의 취향과 브라우징 습관에 적합하게 설계된 특성을 가지고 있다.

최근 이러한 플랫폼과 콘텐츠 스타트업들은 사용자를 늘리고 투자를 끌어들이는 데는 성공하고 있다. 이들의 주 수입원인 광고 수익을 창출하는 능력은 구글과 페이스북이 지배하는 사업구조에서는 여전히 의문이다. 하지만 뉴스독은 더 많은 광고 유치하기 위해 구글과 페이스북과 긴밀히 협조하고 있으며, 광고를 위해 새로운 데이터 기반 서비스를 도입할 예정이다.

'미래의 구글' '미래의 아마존'을 만나고 싶으면 방갈로르에 가라

2007년에 창업한 플립카트는 지금 인도의 전자상거래 최대 기업으로 성장했다. 월마트는 최근 플립카트의 가치를 200억 달러로 평가해 150억 달러를 주고 플립카트를 인수했다. 인수 규모로만 놓고 봐서는 전자상거래 업체 거래 금액으로는 세계 최고가를 기록했다.

또 2004년에 창업한 뮤시그마는 빅데이터 분석을 전문으로 다루는 기업으로서 세계 최대의 기업으로 성장하고 있다.

2007년에 창업한 인모비도 모바일 대상 광고를 배포하는 최고의 기업으로 성장했다.

이외에도 단시간에 성장한 스타트업은 셀 수 없을 정도로 많다. 이 가운데에서 '미래의 구글'과 '미래의 아마존'이 나오지 말라는 법은 없다. '방귀가 잦으면 똥 싸기 쉽다'는 속담처럼 이 많은 기술 기반 스타트업들이 탄생하는 환경에서 미래의 구글과 아마존이 나오지 않는다면 오히려 그것이 더 이상한 일이 아닐까?

창업 후 불과 몇 년 만에 거대 기업으로 성장한 스타트업이 있는 한편, 성장의 가능성으로 인해 글로벌 기업으로 팔리는 기업들도 이루 말할 수 없이 많다.

미국의 대규모 IT 기업들은 자사의 강점을 강화하거나 약점을 보완하기 위해 방갈로르의 유망 스타트업을 찾아내어 적극적으로 인수하고 있다.

스타트업 인디아 행사에 참석한
손정의 회장과 인도 모디 총리

일본 소프트뱅크 손정의 회장의 움직임도 눈여겨볼 만하다. 그는 인도 스타트업 투자에 적극적이다. 최근 소프트뱅크가 보유한 25억 달러 규모의 플립카트 지분 20%를 불과 인수한 지 8개월 만에 월마트에 팔아 막대한 시세 차익을 챙겼다. 2014년에 소프트뱅크는 10년간 인도에 1조 엔을 투자한다고 발표했다. 하지만 이미 2011~2012년에 인모비에 2억 달러를 출자하고 2014년에도 전자상거래의 스냅딜에 6억 2,700만 달러를 출자해, 인도 IT 기업의 큰손으로 자리 잡고 있었다. 2017년에는 인도 최대 모바일 결제 서비스 '페이티엠(Paytm)'에 14억 달러를 투자했다.

일본 야후, 중국 알리바바 등에 한발 앞서 투자해 성공해왔던 소프트 뱅크의 투자 추이를 지켜보면 인도 스타트업을 얼마나 중요한 투자의 원석으로 생각하는지 알 수 있다.

한 가지 더 눈여겨봐야 할 것은 알리바바, 샤오미, 텐센트 등 중국 기업들의 공격적 인도 투자다.

중국 기업들의 이야기는 다른 장에서 다루기로 하겠다.

매년 수조 원 적자기업에 글로벌 투자자들이 줄을 선 이유

미국 실리콘밸리에서 스타트업 투자 관련 일을 하면서 고국인 한국에 투자할 기업을 찾는 데 어려움을 겪은 한 지인에게서 이런 질문을 받았다. "한국 스타트업이 기술 개발보다 'B2C' 서비스에 집중하는 이유는 무엇인가? 그리고 미국에서 투자받고 엑시트(Exit)까지 할 수 있는 기업이 얼마나 될까?"

이 분야 전문가들에 따르면 한국은 대부분 B2C 서비스 개발에 열을 올리고 있으며, 해외 쇼케이스를 나가는 기업들도 B2C 서비스를 들고 피칭하러 간다고 한다. 문제는 이러한 서비스를 검토해보면 다른 나라에 이미 있는 서비스가 상당수라는 사실이다. 즉 기술개발(생산)→서비스(유통)→소비자로 연결되는 구조에서 기술개발보다 서비스에 초점이 맞춰져 유통 단계만 늘리는 결과를 가져오는 경우가 많다.

기술력과 탄탄한 시장이 바탕이 되는 서비스는 해외 투자자들의 이목을 이끌기에 충분하다. 국내 스타트업을 발굴하기 위해 2014년에 들어온 이스라엘 요즈마 펀드는 2조 6,000억 원 규모의 펀드를 운영하는 벤처 투자 그룹이다. 하지만 천부적 장사꾼인 유대인들 눈에는 한국의 스타트업이 아직은 성에 차지 않는 모양이다. 민간 투자가 그리 활발하지도 않다. 이런 상황에서 생명줄은 정부 정책자금밖에 없다.

그렇다면 한국 스타트업의 투자 부진은 무엇이 문제일까? 한국 스타트업 생태계는 건조하고 좁은 목초지를 두고 몇 마리의 가냘픈 초식동물들이 사는 땅과 같다. 그러니 소프트뱅크, 텐센트, 타이거 펀드 등 거대

해외투자 포식자들을 찾아볼 수 없는 구조가 된 것이다.

이에 대한 해결책은 무엇일까? 먼저 '사냥터'를 바꿔야 한다. 즉 넓은 대지와 초목이 우거진 비옥한 땅으로 가야 한다. 그 땅이 인도다. 그런데 왜 그럼 중국이 아니고 인도일까? 중국은 언어적·정치적으로 고립된 큰 섬이다. 한번 들어가면 대륙으로 나갈 수 없는 생태계가 갖춰진 '갈라파고스'다. 반면 인도 스타트업의 움직임은 실로 눈부시다. 2017년 창업은 전년 대비 여섯 배나 증가했고, 2014년 이래 펀딩을 받은 스타트업의 수는 3,000곳이 넘는다. 투자금액의 42%인 137억 달러(14조 7,000억 원)가 2017년에 이뤄졌다. 또 투자금의 90%는 인도가 아닌 미국, 유럽, 일본 등에서 조달되고 있으며, 투자 환경 또한 철저한 민간 중심이다. 규모 면에서는 세계 3위의 스타트업 천국이다. 인도 내 스타트업의 80%가 미국과 유럽에서 매출을 가져오고 있다.

2017년 창업한 스타트업 절반 이상은 SaaS(Software-as-a-Service)였다. 즉 소프트웨어 기술을 활용한 AI(인공지능)나 IoT(사물인터넷), 블록체인 등 첨단 기술기반 B2B(기업 간 전자상거래) 사업 모델에 외국 투자자들이 군침을 흘리며 달려들고 있다. B2C(기업과 소비자 간 전자거래) 서비스도 13억 명이라는 거대 소비 시장이 있기 때문에 지속적으로 투자금이 유입되고 있다. 인도 방갈로르에 있는 온라인 쇼핑몰 플립카트는 2007년 사친 반살이 40만 루피(700만 원)로 창업한 이래 지난해 매출이 전년 대비 29% 성장한 1,985억 루피(3조 3,000억 원)를 기록했다. 그런데 손실규모가 877억 루피(1조 4,600억 원)에 이른다. 최근 월마트에 인수되었지만 그동안 소프트뱅크, 타이거 글로벌, 텐센트 등 16개 글로벌 기업은 모두 73억 달러(7조 8,000억 원)를 이 기업에 투자했다. 아마존 인도도 지난해만

47억 4,000만 달러(5조 1,000억 원)를 투자받았다. 해마다 막대한 손실이 일어나는데도 아직도 투자하겠다는 투자자들이 줄을 잇는다.

방갈로르에는 2,000여 개 IT 기업들과 구글, 삼성을 비롯해 글로벌 IT 기업 본사와 연구소, 20개가 넘는 공과대학 등이 몰려 있어 '인도의 실리콘밸리'로 불린다. 이곳은 최근에 인도에서 경험을 쌓으려는 외국인들로 붐빈다.

2017년 인도로 향하는 유학생이 214%나 증가한 프랑스 '릴 1대학'에 재학 중인 티보 블롱댕(Thibaud Blondin)은 30명 규모 인도 스타트업인 '시놉'에서 인턴으로 일하고 있다. 그는 "최근 주변 친구 가운데 인도로 향하는 숫자가 부쩍 늘었다"고 말했다.

이유는 간단하다. 자국 언어에 대한 자부심이 강한 프랑스이지만 영어와 IT 기술로 무장한 인도 IT 기업들은 프랑스와 달리 미국, 유럽, 아프리카, 아시아 등 전 세계로 향하고 있기 때문이다. 또 스타트업에 근무하는 수많은 현지인, 외국인과의 네트워크 형성뿐만 아니라 창업과 취업 기회도 얻을 수 있기 때문이다.

그(티보 블롱도)는 인도 인턴 생활에 대해 "인턴에게까지도 수평적 의사소통에 동참케 하는 분위기와 열정적인 근무 환경에 만족한다"면서, "멘토의 조언으로 CSS와 HTML을 배워 개인 웹사이트를 만드는 중"이라고 말했다. 그는 이곳 인턴을 마치면 또 다른 인턴십을 경험한 뒤 인도에서 창업을 계획하고 있다.

스위스 태생의 스타트업 40개도 방갈로르에 진출해 있다. B2B 메시징 앱 '민시'(Minsh)의 여성 창업자 바바라 마임(Barbara Maim)은 스위스 로잔에서 회사 설립 후 자금이 부족해지자 한 번도 가본 적 없는 인도로 옮겨왔다. 그는 "가장 마음에 드는 것은 여기서 돌을 던지면 개발자가 맞을 확률이 50%라는 점"이라며 수준 높고 저렴한 인재풀에 만족감을 표시했다. 그는 인도에 와서 아이도 두 명이나 출산했고 현재 전 세계 50개 기업에 서비스를 제공하고 있다.

최근 인도에 진출하는 한국 기업들도 급격히 늘기 시작하면서 현지에서 성실한 한국인 청년들을 찾는 기업들이 많아졌다. 양질의 해외취업 기회를 찾으러 오는 우리 청년들이 거의 없다는 점이 아쉽다.

글로벌 IT 기업 인포시스 방갈로르 본사에는 인턴을 하는 학생 절반 이상이 하버드, MIT, 칭화대, 도쿄대 등 해외에서 온 학생이지만 한국 학생은 찾기 힘들다. 세계 최고 명문대생들이 인도에 와서 인턴 경험을 쌓는 이유는 10년 후 인도를 상상하고 오기 때문이다.

숫자는 많지 않지만 인도에서 공부한 한국 청년들이 인도를 '브릿지(가교)'로 중동과 미주 그리고 유럽으로 진출하는 경우가 많다. 인도인이 가지지 못한 근성과 재주, 그리고 인도에서 익힌 영어와 글로벌 비즈니스 경험이 그들을 또다시 세계로 향하게 만드는 것이다.

사진: Swissinfo

스위스 출신 방갈로르 스타트업 창업자 바바라 마임은 "방갈로르에서 돌을 던지면 개발자가 맞을 확률이 50%"라고 말했다.

인도 4차산업혁명, 세계를 움직이다

제3장

너무 빠른 변화,
통계 자료 만들 시간조차 부족한 인도 IT 산업

인도, 특히 방갈로르가 보여주는 변화는 도로 위 새로운 자동차, 도로 옆 새로운 건물, 그리고 건물을 채우는 음식점과 사무실 같은 보이는 변화가 전부는 아니다. 세계적인 IT 기업들이 방갈로르로 몰려와 교육 센터를 만들어 고급 인재를 확보하고 GIC를 통해 글로벌 스탠더드에 맞는 업무를 하고 있다. 곧 IT 서비스 선점을 위한 교두보 확보에 열을 올리고 있는 것이다.

이번 장에서는 최근 빠른 변화를 보이는 인도 IT 산업의 모습을 살펴보고자 한다.

세계 최고의 성장을 구가하는 인도
인터넷 온라인 쇼핑과 통신 시장

/

2017년 인도 온라인 쇼핑몰 시장 규모는 178억 달러로 2016년 145억 달러에 비해 무려 23%나 급격한 성장세를 보였다. 인도 시장 전문 조사기관 레드시어(RedSeer) 경영 컨설팅은 인도 GST법이 시행된 2017년 3분기 이후 온라인 쇼핑 시장이 가파른 상승세를 보이고 있다면서 이런 추세는 2018년과 그 이후에도 계속될 것으로 전망하고 있다.

온라인 쇼핑몰 플립카트, 아마존 인도 등이 이 시장을 주도하고 있다. 반면 업계 3위인 스냅딜의 경우 성장세가 주춤했던 것으로 나타났다. 플립카트와 아마존 등은 GST 시행을 프로모션의 기회로 적극 활용한 덕분이다. 레드시어가 최근 조사해 발표한 자료에 따르면 인도 온라인 쇼핑 시장은 인터넷 속도 향상, 쇼핑의 편리성 개선, 업체들의 공격적인 마케팅으로 인해 이용자가 지속적으로 증가하고 있다. 이에 플립카트와 아마존은 향후 시장 확대를 위해 대도시보다 인터넷 망이 확대되고 있는 농촌과 중소 도시들에 대해 마케팅 역량을 집중할 예정이다.

아마존은 인도 1위 온라인 쇼핑몰인 플립카트와 경쟁하기 위해 2017년에만 약 10억 달러를 투자한 것을 비롯해 현재까지 총 27억 달러를 투자했다. 아마존은 플립카트를 따라잡는다는 목표로 향후 약 40억 달러 규모의 현금을 확보해 투자에 나설 계획이고, 플립카트를 인수한 월마트도 50억 달러의 실탄을 마련해 다시 투자에 나설 계획이다.

불과 5년 전 아마존은 온라인 쇼핑몰에서 하위권에 불과했고 1위와 2위 싸움은 플립카트와 스냅딜이 벌였다. 하지만 지금은 플립카트와 아마존 간의 싸움이다.

불과 3년 전만 해도 인도 통신 업계 1위는 에어텔, 2위는 보다폰, 3위는 아이디어, 4위는 에어셀 순으로 총 10여 개의 이동 통신 회사가 경쟁하는 시장이었다. 하지만 2016년 말 혜성처럼 나타난 신규 통신사 릴라이언스 지오(JIO)는 모든 경쟁의 틀을 깨버렸다.

지오가 시장에 나온 지 불과 1년 반 만에 2위와 3위는 합병을 택했다. 8,000만 명의 고객을 보유한 4위는 파산 선고를 했고 나머지 군소 통신사들도 대부분 비슷한 운명을 맞았다.

계속 성장하는 인도 IT 업계, 왜 우리는 관심 갖지 않는가

'2020년에는 방갈로르가 실리콘밸리를 앞지른다!'

2014년 당시, 방갈로르가 속해 있는 카르나타카 주 IT 담당 고위관료가 입버릇처럼 했던 말이다. 인도 전체에 IT 엔지니어가 약 300만 명 이상 있으며, 그중 방갈로르에는 35% 정도인 100만 명 이상이 있다. 하지만 IT 엔지니어의 증가 속도를 살펴보면 2020년에는 200만 명에 달한다는 계산이다. 그렇게 된다면 IT 엔지니어의 수가 실리콘

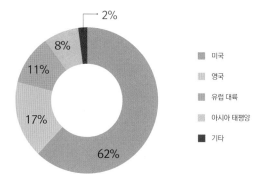

Nasscom

미국
영국
유럽 대륙
아시아 태평양
기타

2016년 지역별 수출 현황

밸리의 숫자를 앞지를 수 있다는 것이다.

물론, 수치만으로는 '실리콘밸리를 앞지른다'고 말할 수 없다. 하지만 최근 몇 년 방갈로르의 상황을 보면, 숫자뿐만 아니라 내용 면에서도 실리콘밸리를 앞지를 날이 올 것이라 확신하게 된다. 더 나아가 10년 후 인도의 모습을 그려본다면, 우리가 현재 인도에 이렇게 관심을 갖지 않는다는 것이 정상은 아닐 것이다.

인도 IT 업계는 매년 안정적인 성장세를 유지하고 있다. 2018년만 해도 10% 이상 성장은 무난하다.

인도 IT 업계는 2009년과 2010년은 성장이 둔화되었지만 2011년 이후에는 다시 성장이 가속화되고 있다. 2017년에는 인도 IT 업계 수출액만 합산해도 1,170억 달러나 된다.

인도의 IT 업계는 세계 경제가 호조일 때도, 침체일 때도 계속 성장하고 있다. 2008년 리먼 사태로 가장 큰 매출 분야였던 금융 분야 아웃소싱이 직격탄을 맞았지만, 그 밖의 분야에서 높은 성장세를 지

타타(TCS)의 주력 시장 미국에 설치된 이노베이션 센터

속했다. 리먼 사태 이후 세계 금융기업들은 생존을 위해 한층 더 업그레이드된 시스템 개발과 원가절감이 필요하게 되었고, 결국 인도로 아웃소싱을 맡길 수밖에 없게 되었다.

또 세계의 아웃소싱 시장 전체를 보면 56%를 인도가 차지하고 있고, 「포춘」지 선정 500대 기업 중 80%가 인도를 활용하고 있다. 2017년 인도의 IT 관련 서비스 수출액을 살펴보면 IT 서비스 분야가 54.4%를 차지하고, 경리·인사 등 업무관련 BPO(Business Process Outsourcing)가 22.2%, 엔지니어링 연구 개발(ER&D: Engineering Research & Development)이 21.4%를 차지하고 있다.

인도 IT 관련 서비스의 수출액을 지역별로 보면, 미국이 62%로 압도적으로 많다. 여기에 영국(17%), 유럽(11%)을 더해 약 90%를 유럽과 미국이 차지하고 있다.

최근 타타 그룹의 대형 IT 서비스 회사 TCS의 한 직원과 만났는데 그의 명함 부서 명칭에 'ROW'라고 적혀 있었다. ROW라는 것은 Rest of world. 즉, 미국, 유럽 등 주요국들을 제외한 '그 외 지역'이라는 의미다. 인도 IT 기업에 있어 한국은 아직 그 정도의 위치라는 것이다.

예비 인력을 활용하는 인도만의 방식

직장 생활을 처음 했을 때, 마케팅 부서에 입사를 했는데 수요 예측 업무를 맡아서 무척 당황했던 경험이 있다. 마케팅 업무를 광고, 프로모션, 시장 조사, 전략 등으로만 생각했는데, 실제로 접한 업무는 통계 모델을 만들어 미래 수요를 예측하고 그 예측을 기반으로 마케팅 리소스를 분배하거나 공장 가동과 부품 수급을 계획하는 일이었다.

제조에서 수요 예측은 낭비를 최소화해 원가를 줄이는 것이 목적이다. 하지만 인도 IT 기업들의 인력 수요 예측은 완전히 나의 상상과는 거리가 멀었고 상당히 적극적으로 움직이고 있었다.

인도 대형 IT 서비스 기업들은 전략적인 예비 인력(Buffer Resource)을 두고 있다. 매출을 늘리기 위해서는 미래 수요를 예측하고, 미래 인재를 확보해두는 것이 필요하기 때문이다. 가령, 10만 명의 종업원을 고용하고 있는 대형 IT 서비스 기업에서는 그 종업원의 20~30%

즉 2만~3만 명 정도를 완충인력으로 잡고 있다. 그 인원은 대졸 신입으로 트레이닝 중인 인원이나, 새로운 고객을 확보했을 때 프로젝트에 투입되기 위해 대기하고 있는 인원도 포함되어 있다.

이처럼 잉여인원을 두면 새로운 기술 개발이 필요할 때, 바로 R&D 조직을 만들어 인재를 투입하는 것이 가능해진다.

인도에서는 COE(Center of Excellence: 조직 내 새로운 역량을 만들고, 확산하기 위한 전문가들의 조합으로 구성한 조직)라는 조직을 만들어 선진 기술을 따라잡기 위한 노력이 최근 확산되고 있다.

COE는 다양한 배경, 교육 수준 그리고 경력을 지닌 전문가로 구성된 팀이다. 각 전문가는 각자 자신이 담당한 주제에 대해 최고 수준의 전문성을 지니고 있다. 일반적인 전문가 인력은 많지만, COE에 소

사진: 위이프로

미국으로 향하던 인재들이 역으로 미국에서 인도로 몰려온다.(위프로 방갈로르 캠퍼스 전경)

인도 4차산업혁명, 세계를 움직이다

속된 전문가는 기업가 정신과 태도로 무장했다는 점에서 일반 전문가와 다르다.

COE는 전체 비즈니스 밸류 체인을 완벽히 이해하고, 고객의 기대와 기업의 가용 기술과 자원을 파악해 기술과 시장, 전체 메커니즘을 관리해야만 한다. 또한 영업 부문과 고객, 그리고 파트너 간의 혁신과 정보 허브 역할도 해야 한다. COE 팀은 하나의 분명한 미션과 비전, 전략을 가진 목표 지향적인 팀이다.

디지털 혁신은 매우 다양하고 복합적인 과정이므로 이를 빠르고 효과적으로 파악할 수 있는 전문가가 필요하다. COE는 유연하면서도 혁신적인 태도로 업무 개선을 주도해나간다.

COE를 통해 실력을 축적한 인도의 IT 서비스 기업으로부터 '조금 더 높은 수준의 일도 가능하다'고 제안받게 되면, 유럽과 미국 등 선진 기업들은 당연히 업무를 더 많이 주게 된다. 그러면 점점 노하우가 쌓이고, 좀 더 높은 수준의 일이 가능하게 된다.

글로벌 최고 수준의 IT 서비스 기업 인포시스(Infosys)나 위프로(Wipro)는 벌써 이러한 수준에 올라선 기업이다.

이들은 다년간 글로벌 기업들의 일을 받으면서 최첨단 기술도 파악해, 시스템 구축에서 세계 최고 수준에 올랐다. IT, 금융, 보험, 소매, 의료, 제조업, 통신 등 여러 업종을 다루고 있으며 심지어 같은 업종의 경쟁기업도 고객으로 받아들이고 있다. 인포시스의 예를 들자면 글로벌 거대 통신기업 10개 중 6개 기업이 인포시스를 업무 파트너로 삼고 있다.

또 다른 예로 미국에서 메디컬 기기를 발주하기 위해서는 FDA(미국 식품의약품 안전기구) 인증이 필요하다. 그때 만일 인포시스와 업무 상담을 하게 되면 'FDA 인증이라면 도울 수 있습니다'라는 대답을 듣게 될 것이다. 그러면 고객기업은 인포시스를 쓰지 않을 수 없다.

인도 대부분의 대형 IT 서비스 기업은 미국뿐만 아니라, 유럽이나 아시아의 일도 맡고 있어, 세계적인 노하우를 가지고 있다. 따라서 이러한 경험은 고객 기업에게는 매우 강력한 어필 수단이 된다.

높은 기술력을 가진 인재 확보 문제는 아주 시급한 문제다. 4차 산업혁명으로 고급 IT 인재는 세계적으로 부족한 상황이다. 가령 빅데이터를 해석하는 전문가인 데이터 과학자는 실리콘밸리에서조차 인재를 구하는 데 어려움을 겪고 있는 상황이다.

이에 비해 인도는 이공계 대학 졸업자가 매년 100만 명 이상 배출되고 그중에서 2016년에만 해도 20만 명이 넘는 인원이 IT 업계에 고용되었다. 인포시스나 TCS의 경우 매년 우리나라 공대 신입생 수 절반 정도에 해당되는 4만 명을 한번에 고용하기도 한다.

최근 IT 업계는 프로그램 소스 코드를 공개하는 '오픈화'가 트렌드다. 리눅스나 안드로이드 등은 소스 코드가 공개되어 있다. 따라서 인도의 우수한 엔지니어는 바로 이해하고 활용하는 것이 가능하다.

기술의 진화가 가속화되고, IT 트렌드가 어지러울 정도로 변화하게 된 지금, 선진국에서도 그 트렌드에 따라가는 것은 물리적으로 어렵다. 하지만 인력이 풍부한 인도는 첨단 IT 기술을 자기들의 것으로 여유 있게 받아들이고 있다. 최근에는 미국으로 향하던 인재들이 오히려 미국에서 인도로 역진출하고 있는 경향마저 보이고 있다.

인도 IT 업계가 가진
가격 경쟁력의 비결

/

2008년부터 2016년까지 인도 IT 업계의 평균 임금인상률은 평균 10% 내외였다.

하지만 인도 IT 서비스 기업의 서비스 가격은 그렇게 크게 오르지 않았다. 유럽이나 미국 등의 선진국 경쟁사 대비 약 3분의 1에서 4분의 1 정도 비용이면 서비스를 받을 수 있다.

해마다 10% 안팎으로 임금이 인상되고 있는데도 이렇게 상대적으로 저렴한 가격을 보이는 이유는 크게 세 가지다.

지난 10년간 루피화 대비 달러화 환율 추이

첫째, 인도 IT 서비스 기업은, 지속적인 규모 확대를 통해 조직적으로는 피라미드 인력 구조를 유지하고 있다. 젊은 인재를 대량으로 늘려 조직 전체로 보면 평균 단가를 내리고 있는 것이다.

둘째, 규모의 경제라는 큰 장점을 살려 조직 자체의 생산성 향상을 지속하고 있다. 대규모 트레이닝 센터를 만들어 교육을 강화하거나, 최첨단의 개발 방법을 적극적으로 도입하며, 업무 자동화에 몰두하고 있다.

셋째, 달러화에 비해 싼 루피화의 영향이다. 위의 그래프는 2008~2018년까지 루피화 대비 미국 달러의 환율이다. 이것을 보면 10년간, 미국 달러 강세·인도 루피 약세의 트렌드가 계속되고 있다. 그래서 인도 국내에서 매년 10% 이상의 급료가 올라도, 그 상승분을 상쇄할 정도로 루피의 가격이 내려, 미국 기업이 입장에서 보면 여전히 싼 비용으로 인도 IT 인재를 고용하는 것이 가능하다.

인도 IT 산업은 발전하고 있으나, 인도는 다양한 문제를 안고 있는 개발도상국가이기도 하다. 이런 우려 때문에 루피화 가치는 쉽게 오르지 않는다. 모디 정권의 강력한 개혁 정책도 급작스러운 루피화 강세로는 이어지고 있지는 않다. 미래는 알 길이 없지만, 과거를 돌아보면 루피화 약세가 인도 인건비의 상승을 상쇄시켜 인도 IT 업계의 가격경쟁력 유지하는 데 크게 이바지 한 것은 사실이다.

엄청난 직원 수를 자랑하는
IT 서비스 기업들

/

인도의 대형 IT 서비스 기업의 업무 범위는 시스템 개발을 하는 IT 서비스, 엔지니어링 연구 개발(ER&D), 업무 지원 서비스를 제공하는 BPO 등 3대 분야를 폭넓게 다루고 있다. 뿐만 아니라 세계 다양한 기업과 업종을 클라이언트로 갖고 있다.

인도에서 최대 규모의 IT 서비스 기업은, TCS(Tata Consultancy Services)다. 인도의 대표적인 재벌로 알려진 타타그룹은 자동차, 철강, 전력 등의 거의 모든 비즈니스를 영위한다 해도 지나친 말이 아니다. TCS는 타타 그룹의 주요 계열사로 2016년도 매출 176억 달러, 직원 수는 39만 5,000명에 달한다. 1968년 뭄바이에서 창업하여 현재는 방갈로르를 포함한 인도 각지에 개발 거점을 가지고 있다. 본사는 현재도 뭄바이에 있고 한국에도 지사를 가지고 있다.

인도 타타 그룹의 또 다른 모습,
세계 최고 IT 서비스 기업 TCS 출신 타타 그룹 회장 이야기

우리에게 타타는 자동차로 알려진 회사다. 대우 상용차를 인수한 것이 타타 자동차다. 얼마전 인도 최대 재벌기업인 타타 그룹의 지주회사 타타 손스(Tata Sons)의 나탈라얀 찬드라세카르란(Natarajan Chandrasekaran, 54세) 회장이 취임 1년을 맞아 그룹을 안정적으로 이끌고 있다는 언론의 후한 평가가 있었다. 찬드라세카르란 회장은 타타 그룹의 일곱 번째 회장으로, 타타 가문의 종교적 배경인 조로아스터교 신자가 아닌 첫 회장이자 비(非) 타타 가문의 두 번째 회장이다. 전임 회장의 강제 퇴출 등 그룹 안팎으로 각종 잡음이 끊이지 않는 어려운 상황에서 취임한 찬드라세카르란 회장은 모나지 않는 모습으로 그룹을 이끌고 있다.

전임자이자 타타 가문 밖에서 처음 영입된 회장은 아일랜드 국적의 인도인 사이러스 미스트리(Cyrus Mistry)였다. 그는 그룹을 개혁하고자 했고, 공격적인 경영 방식을 추진했는데 이를 배척당하면서 물러났다. 그는 그룹의 실질적 오너이자 지난 1990년대 초부터 2012년까지 20여 년 동안 그룹을 이끌었던 보수적인 인물인 라탄 타타(Ratan Tata, 80세)의 세력에 의해 불명예 해임을 당했다.

부유한 뭄바이 재벌 집안 피라말 그룹(Piramal Group) 출신인 전임 미스트리 회장은 강제 퇴임 당시 타타 손스의 지분을 18%나 소유하고 있었다. 이러한 지분을 보유한 자신감을 바탕으로 그는 타타 가문의 사퇴 결정에 공개적으로 반박하며, 이른바 '지저분한 집안 싸움'을 시작했다. 타타 그룹 집안의 대표격인 라탄 타타에 대해서도 이례적으로 공개적 비난에 나섰다. 타타 그룹 쪽에서도 그에 대해 내부 정보 규정 위반, 자신과 친분 있는 지인들과 거래, 자신의 개인 권력을 쌓기 위한 시도 등으로 매도하며 공방을 벌였다.

이 싸움은 인도 최고 그룹인 타타의 명성과 더 나아가 뭄바이를 기반으로 한 인도 재벌 기업과 오너에 대한 명성에도 금이 가는 사태로까지 발전했다. 전임자는 특히 라탄타타가 이룩한 대외적 명성에 흠집을 내기 시작했다. 타타를 글로벌 회사로 성장시키고 영국 투자에 대한 보상으로 영국 왕실의 명예 기사 작위를 받은 사실, 대중에게 인식된 겸손하고 검소한 이미지, 마음이 따뜻한 자선사업가, 그리고 가난한 인도 국민을 위하는 마음으로 개발했다고 알려진 세계에서 가장 저렴한 자동차 타타 나노 스토리 등에 대해서도 공개적으로 흠집 내기를 서슴지 않았다.

그룹 본사 건물에 라탄 타타 자신의 개들을 풀어 쉬게 하는 독특한 성격을 가졌다고 비난하고, 인도 최고의 부자인 릴라이언스 그룹 암바니 회장이 자신의 부를 과시하기 위해 만든 뭄바이에 있는 27층 높이의 저택과 라탄 타타가 퇴임 이후 기거하는 뭄바이 북쪽 150km 떨어진 저택을 비교하는 등 막장이 연상되는 비판과 비난도 개의치 않았다. 사실 타타 가문이 실적적으로 영향력을 가지고 있는 타타 트러스트라는 자선 단체가 타타 그룹 지주회사 타타 손스의 지분 65%를 보유하고 타타 그룹을 막후에서 움직이고 있다는 것은 공공연한 사실이다.

미스트리 전임 회장도 이런 타타 집안의 구조적인 경영 간섭에 대한 종지부를 찍고 새로운 기업 지배 구조 체계를 만들기 위해 노력해왔다. 이런 그룹 권력에 대한 헤게모니 싸움에 하버드 비즈니스 스쿨 학장이자 타타 그룹 이사회 멤버에 새로 임명된 나틴 노리아가 나서서 미스트리의 해임을 통보했다. 그러자 이 통보에 충격받은 미스트리가 반발하면서 사태는 걷잡을 수 없이 악화됐다. 미스트리는 라탄 타타가 자신을 해임하기 위해 새로운 이사진들을 선임해서 표결에 나섰기 때문에 자신의 해임은 불법이라고 주장했다.

실제 이사회에서는 미스트리의 해임과 동시에 라탄 타타가 임시로 회장에 오를 것임을 발표했고, 발표와 동시에 미스트리는 자신의 집무실을 정리하고 나서며 "나에게 어떤 사전 동의나 설명도 구하지 않고 진행된 모욕적인 사건이며 구역질 나는 라탄 타타의 인간성을 확인했다"는 메시지를 전 언론에 보냈다. 즉각 법적인 투쟁도 시작했다. 이 과정에서 타타 그룹 관련 전직 법무장관과 타타 그룹간 10년 전에 있었던 부적절한 사건 처리 공모 내용 등 각종 추문까지 공개해 타타 그룹과 타타 집안을 위기에 몰아넣었다.

이런 사건을 바라보는 인도 재계의 시선도 그리 좋지 않았다. 전반적으로는 미스트리의 행동에 대해 비난 여론이 상대적으로 높았다. 인도의 한 유명 은행장은 "무엇하는 짓인지 모르겠다. 미스트리의 행동은 프로로서 자세가 안 된 비열한 행동이며 정부와 기업이 강하게 유착되어 있다는 걸 단적으로 보여주는 것이다. 심지어 인도의 경영 환경이 전근대적이라는 신호를 외국인 투자자들에게 줄 수 있어 심히 우려된다" 라고 말하기도 했다.

이런 어수선한 분위기 속에서 남부 시골 출신이자 최초의 완전한 외부 인사인 전직 세계 최고 IT 서비스 기업 TCS의 CEO인 찬드라세카란이 회장으로 선임되었다. 이후 그는 그룹의 복잡한 문제를 잘 매듭지으며 성공적으로 타타 그룹을 이끌어나가고 있다. 찬드라세카란은 아마추어 마라토너 출신으로, TCS를 세계적 기업으로 성장시킨 주역이다. 라탄 타타에 비해 조용하고 전문적 지식을 가진 인물로, 산업계에서도 두루 환영받는 인사다. 회장으로 취임한 이후 지난 1년 간 그룹 주력 타타 스틸의 순익은 다섯 배 증가했고, TCS 시가 총액도 경쟁사를 압도하고 있다. 타타 화학의 주가도 152% 상승했고 타타 자동차도 역대 최고의 흑자를 기록하는 등 엄청난 경영 성과를 거뒀다. 하지만 타타 그룹과 일본 NTT 도코모와 관련된 법적 분쟁, 타타 자동차의 국내 사업과 판매 부진에 시달리는 저가 모델 '나노'에 대한 해결책, 그리고 그룹 임직원들의 사기를 높이는 일 등 기업 내부적인 문제가 아직도 산적하다. 미스트리의 지분이 18%가 남아 있는 타타 손스를 이끄는 그에게 미스트리가 제기한 법적 분쟁은 아직 큰 짐으로 남아 있다. 타타 그룹을 실질적으로 이끄는 타타 집안의 자선단체 타타 트러스트와의 파워 게임도 그가 감당해야 할 몫이다.

사진: BW비즈니스월드

타타 그룹 전임 회장 라탄 타타(왼쪽)와 신임 나탈라얀 찬드라세카르란 회장

타타 그룹은 인도의 다국적 대기업으로 뭄바이에 본사를 두고 있다. 1868년 잠셋지 타타(Jamsetji Tata)에 의해 세워져 이제 150년이나 된 글로벌 기업이다. 잠셋지 타타는 전설적인 '인도 산업의 아버지'로 불린다. 조로아스터교를 믿는 독실한 신앙인 집안에서 태어나 20대 때 작은 무역회사로 시작해 그룹 시가 총액이 2017년 기준 145억 달러인 그룹을 일궈냈다.

그룹 산하에 타타 스틸, 타타 자동차(재규어, 랜드로버 브랜드 포함), 한국의 대우 상용차를 인수한 타타 상용차, 타타 컨설팅 서비스, 타타 파워, 타타 화학, 타타 글로벌 음료, 타타 정보통신, 타타 커피, 인도 최고의 호텔인 타지 호텔 등 29개 상장 기업이 있다. 그리고 6개 대륙에 무려 100개 이상의 계열 기업을 가지고 있다. 그룹이 영위하는 사업은 보석에서 중화학, 소금, 음료, 통신, 병원, 부동산, 우주항공, 에너지, 가전, 항공, 국방, 금융, 보험, 물류 등 사실상 전방위적이다. 그룹 매출 규모는 1,000억 달러가 넘고 66만 명의 직원이 근무하는, 말 그대로 초대기업이다. 하지만 도덕적이고 모범적인 현재의 가족기업 이미지와는 달리 창업 초기 부를 일구는 과정에서 아편을 이용했다는 흑역사도 가지고 있다.

두 번째 기업은 인포시스(Infosys)다. 1981년에 7명의 엔지니어에 불과 250달러의 자금으로 푸네(Pune)에서 창업했다. 1983년에 현재 본사가 있는 방갈로르로 이전했다. 1999년에 인도 기업 최초로 미국 나스닥에 상장되었고, 그 후 더욱 급성장해 매출은 2000년 당시 2억 달러 정도였으나, 2016년에는 102억 달러로 50배나 증가했다. 종업원 수도 2000년에 약 5,000명이었으나, 2017년에는 약 20만 명으로 40배 늘어났다.

2014년에는 창업자 중 한 명인 나라야나 무르티(Narayana Murthy)가 은퇴하며 SAP의 전 CTO(최고기술책임자)였던 비샬 시카(Vishal Sikka)가 연봉 1,300만 달러, 스톡옵션 900만 달러 조건으로 CEO에 취임했다. 비샬 시카는 SAP HANA(SAP의 인메모리 데이터베이스의 플랫폼)를 개발한 중심 인물로 알려져 있다. 인포시스 CEO에 취임 후에도 방갈로르의 본사가 아닌 실리콘밸리에 주로 거주했다. 그는 인도에서 태어나 미국의 시러큐스 대학을 마치고 스탠퍼드 대학에서 박사학위를 받아 제록스 팔로 알토 연구소에서 AI를 연구했다.

취임 후 M&A(기업의 인수합병)등 적극적인 전략을 내세워 경영 수치는 나무랄 데가 없었다. 하지만 2017년 8월에 그는 갑자기 사임을 발표했다. 창업자 나라야나 무르티와 경영 방침이 서로 다른 것이 원인이라고 알려졌고, 2018년의 1월에는 프랑스의 같은 업종인 캡제미니의 사릴 파레크(Salil Parekh)가 새로운 CEO로 취임했다.

세 번째 기업인 위프로(Wipro)는 임직원 수가 약 18만 명이나 되는 거대한 기업이다. 2017년도 매출은 84억 달러에 달하는 기업이다.

일곱 명의 엔지니어로 출발해 20만 명의 종업원을 거느리게 된 인포시스 방갈로르 글로벌 에듀케이션 센터.

창업은 1945년으로 오래되었지만, 원래 웨스턴 인디아 베지터블 프로덕트(Western India Vegetable Products Limited)라는 이름의 식료·의료품 회사였다. 1982년에 IT 서비스 비즈니스에 뛰어들어 2000년에는 뉴욕 증권거래소에 상장되었다. 제품이나 서비스 등 엔지니어링 연구개발(ER&D) 분야에 강한 회사다.

이 3사 외에 HCL 테크놀로지(HCL Technology, 노이다 소재), 테크 마힌드라(Tech Mahindra, 뭄바이 소재)도 종업원 수는 10만 명 규모로 방갈로르에도 사업장을 가지고 있다.

1만 명 이상을 동시에 교육한다.
인도 IT 기업들의 교육 센터

/

10만 명을 넘는 종업원을 고용하고 있는 인도의 IT 서비스 기업은, 당연하지만 사무실 규모도 놀라울 정도다. 그중에서도 인포시스 캠퍼스를 보고 있노라면 아름다움과 기발한 디자인 건물에 놀라게 된다.

방갈로르의 시내에서 차로 한 시간 정도 가면 일렉트로닉 시티(Electronic City)라고 불리는 IT 기업이 모인 지역에 피라미드 같은 건물이 보인다. 여기가 방갈로르에 있는 인포시스 본사다. 캠퍼스에는 약 2만 명의 임직원이 일하고 있으며, 직원들의 출퇴근을 위해 회사는 매일 수백 대의 버스를 동원한다. 외부 귀한 손님이 오면 사업장을 골프 카트로 안내한다. 캠퍼스 내에 두 개의 간이 골프 코스도 있으며, 녹음에 둘러싸인 훌륭하고 멋진 캠퍼스로 방문하는 모든 사람이 감탄을 금치 못한다.

또 방갈로르에서 차로 세 시간 반 거리에 위치한 마이소르(Mysore)에는 본사 건물과는 별개로 인포시스 사내 연수원인 '글로벌 에듀케이션 센터'가 있다. 약 121만㎥로 잠실 운동장 26개 정도에 해당되는 규모다.

궁전 같은 건물이 늘어선 모양도 눈길을 끌지만, 이 센터의 특이한 점은 '세계 최대의 트레이닝 센터'라는 점이다. 무려 전임 강사 수만 600명 이상이고, 1만 명 이상을 동시에 교육하는 것이 가능하다. 설비도 최첨단으로 갖췄다.

기숙사나 게스트하우스를 포함하면 1만 명 이상이 숙박할 수 있기 때문에, 여러 주, 수 개월 단위로 진행되는 연수도 무난히 가능하다. 실제로 대졸 신입으로 인포시스에 입사한 사람 전원은 이 캠퍼스에서 4~6개월간 연수를 받는다. 연수 내용을 살펴보면 컴퓨터 공학을 전공하지 않은 사람이 미국 대학 컴퓨터 공학 졸업자 수준의 교육을 받는다고 한다. 그러니 상당히 혹독할 것이라는 짐작이 가능하다. 연수를 받으면서도 편히 쉬는 시간을 가질 수 있도록 캠퍼스 내에는 수영장이나 헬스장, 볼링장, 에어로빅 스튜디오 등도 준비되어 있다.

이렇게 거대한 트레이닝 센터로 교육을 시행해 많은 인재를 가지고 있는 인도 IT 서비스 기업은 인포시스뿐만이 아니다. 다른 기업도 인포시스 수준으로 인재를 키우고, 사업을 펼쳐나가고 있다.

한국에서 인턴을 지원하기 위해서는 치열한 경쟁을 뚫어야 한다. 하지만 인도에서 인턴은 너무나 활성화되어 있다. 인도 정부에서는 심지어 인턴 비자 제도를 만들 정도다. 인포시스 등 글로벌 IT 기업의 움직임을 보면 정말 입이 딱 벌어질 정도다. 한국은 인턴 채용을 기업의 사회적 역할 정도로 생각하는 경향이 강한데, 인도 기업은 우리의 시각과 상당히 다르다.

그렇다면 인도 기업이 해외 인턴 채용에 적극적인 이유는 뭘까? 인도 기업들은 세계로 뻗어나가고 있어 다양한 국가 출신의 인턴과 같이 업무를 수행할 수 있다. 해외 시장 진출을 위한 선제적 경험이 가능한 것이다. 즉 다른 경제·문화가 어떻게 작동하는지 이해할 수 있는 안전한 방법이기 때문이다.

또한 완전히 다른 관점과 이들 자신만의 일하는 방식을 가지고 있어서 인도 기업들 입장에서도 자신들이 보지 못한 방식으로 일을 해결할 수 있기 때문이다.

한 가지 더 인도에서 직접 인턴 제도를 운영해온 경험에 따르면, 인도의 인턴 채용 방식은 철저하게 기브 앤 테이크(Give & Take)라는 점이다. 즉 자사에 이득이 되면 막대한 예산을 들여 투자를 아끼지 않는다. 이렇듯 자사의 인력과 노력이 들어가면서까지 인턴을 운영하는 것은 어디까지나 철저한 수익과 비용 관점으로 접근하는 것이다. 자사에 이득이 되지 않는다면 당연히 투자를 하지 않는다. 심지어 인턴 대상들에게 비용을 청구하기도 한다.

인도는 IT 서비스 기업뿐만 아니라 바이오콘 같은 바이오 기업, IMRB, 콜럼비아 아시아 병원과 같은 병원을 비롯해 다양한 기업들이 다양한 국가로부터 인턴을 모으고 있다.

몇 가지 기업 사례를 살펴보면 다음과 같다.

RGB 엔터프라이스 글로벌 인턴

RGB 엔터프라이스의 연 매출은 30억 달러로 타이어, 인프라, 과학 기술 분야에서 기업을 영위하고 있다. RGB는 해마다 여름 인턴을 모집해서 우수한 학생에게 창업자 이름을 딴 아주나(Arjuna) 상을 상금과 함께 수여하고 있는데, 대학과 제휴를 통해 인턴을 받고 있다. 영국 맨체스터대학교 · 미국, 스위스 대학과 글로벌 인턴십 프로그램을 운영하고 있다.

이 밖에 글로벌 IT 서비스 기업 인포시스는 오스트레일리아 뉴사우스웨일스대학 등 선진국과의 인턴십 협정을 맺고 운영하고 있다.

IT 기업 엠퍼시스(Mphasis)는 시카고 부스와 런던비즈니스 스쿨과 제휴를 맺어 IT 비즈니스 밸류 프로젝트 진행하고 있다. 따라서 이 기업도 인턴을 뽑아 전 세계를 무대로 판매, 운영, 그리고 법인 사무실에서 근무하는 기회를 준다.

뭄바이에 있는 헥사웨어 테크놀러지(Hexaware Technologies)는 독일, 멕시코 등지에서 인턴을 모집해 뭄바이 본사에서 6개월 글로벌 인턴 프로그램을 운영하면서 채용하고 있다. 그런데 이들 다섯 명 중 네 명이 자국의 자회사에 합류해 일하고 있다.

인도에 있는 외국인 인턴들의 혜택은 어떤 것들이 있을까?

인도 노동 분위기는 생각하는 것보다 양호하다. 즉 좋은 기회가 많고 특히 경제가 급성장하기 때문에 다양한 경험이 가능하다. 전반적으로 IT 산업에서 인턴에 대한 수요는 상당히 많다.

한국인의 경우 인도 인턴십을 꺼리는 이유는 금전적 혜택이 약하기 때문이다. 월 급여 수준은 1만 5,000루피(24만 원, 인도는 법적으로 인턴에게는 월 2만 루피(약 34만 원) 이상 지급하지 못하게 되어 있다.) 이하이고 심지어 글로벌 기업에서 인턴을 하려면 소정의 비용을 지불해야 한다. 뿐만 아니라 인턴 기간은 대략 3~6개월로 현지 생활비 부담도 크기 때문이다

나도 인도에서 한국인과 인도인을 대상으로 인턴을 운영한 적이 있다. 기업입장에서 인턴은 기업의 경제 활동과 직접적인 면에서 거리가 멀다. 인도 IT 기업들은 인턴은 철저히 학생들이 이익을 보는 것이라는 인식과 기업의 사회적 책무라는 인식이 섞여 있다.

따라서 채용으로 이어지는 인턴과 교육 목적의 인턴으로 나눠 인턴 제

사진: 인포시스

세계 각국에서 모인 인포시스 인턴십 프로그램 인스탭

도를 운영하고 있다. 채용 목적의 인턴 제도는 법으로 제한된 급여를 제외하고는 모든 것을 최고급으로 제공한다. 나의 경험으로 보면 대부분의 글로벌 기업들에서 인턴을 마친 젊은이들 모두 좋은 기회를 얻어서, 지금도 자기 자리에서 열심히 일하고 있다.

AI 플랫폼 개발에
열을 올리는 인도

/

인도 IT 업계에서 지금 가장 뜨거운 이슈는 AI 플랫폼 개발이다. 벌써 인도 IT 서비스 빅3는 AI 플랫폼 개발 계획을 발표했다. 이들이 여기에 관심을 크게 갖는 배경에는 아이로니컬하게도 'AI의 등장으로 인해 지금까지 인간이 하던 업무가 없어질 수도 있다'는 위기감 때문이다. 다시 말해 자신들이 AI 기술을 활용해 자동화를 선도하기 위해 AI 플랫폼의 개발을 추진하고 있는 것이다. 즉 AI 기술을 선점하면 그 기술을 필요로 하는 곳이 많아지고 그 시스템을 개발·관리하는 인력에 대한 수요도 많아져 고객사들은 인력을 줄이게 될 것이다. 하지만 자신들은 고용을 유지할 수 있다는 계산이 깔린 행보다.

사진: TCS

인도 IT 업계 핫 이슈 AI 플랫폼 개발(티타가 개발한 AI 이그니오)

TCS는 2015년에 독자적으로 개발한 '이그니오(Ignio)'라는 기업용 AI 플랫폼을 발표했다.

2016년에는 인포시스가 '마나(Mana)'라는 지식 기반 AI 플랫폼을 발표했고 그 개발을 위해 구글 등의 실리콘밸리의 핵심 인재를 스카웃했다. 2017년에는 한 단계 더 진화된 '니아(Nia)'라 불리는 차세대의 AI 플랫폼을 발표했다.

위프로는 2015년에 AI 플랫폼 '홀메스(HOLMES)'를 발표했다. 2015년 방갈로르 국제선 공항에 도착하면 맨 처음에 보이는 광고는 현대자동차 광고와 위프로의 '홀메스(HOLMES)' 광고였다.

3사 개발 모델의 공통점은 IBM의 '왓슨'을 의식한 개발이라는 점이다. 하지만 왓슨과 같은 AI 기술과는 달리 AI 기술을 활용한 자동화 툴이라고 말하는 게 오히려 더 정확할지도 모른다. 다시 말해 근본적인 AI 기술이라고 하기엔 다소 부족하다. 하지만 최첨단 기술을 이해하고, 최고의 인재를 불러 모아 기술적인 발전을 도모한다는 사실만은 분명하다.

우리에게는 생소한
글로벌 인 하우스 센터(GIC)

인도 IT 서비스 기업이 거대화되면서 인도에 자사의 개발 거점을 마련하는 글로벌 기업도 해를 거듭하며 늘고 있다. 그리고 그 규모도 확대되고 있다. 현재 유럽과 미국의 대부분의 주요 기업이 인도에 거점을 설치하고 있다고 말해도 될 정도다.

이러한 기업 내 개발 거점을 GIC(Global In-House Center)라고 부른다. 기업에 따라서 GIC의 역할은 다르지만, 연구 개발·제품 개발·설계·IT 시스템 개발·지원·유지 보수 등을 폭넓게 처리하고 있다. 사내 거점으로서 기업의 연구 개발이나 제품 개발에 참여하기 때문에 흔히 R&D 센터라고도 불린다.

인도를 대표하는 IT 기업 단체인 NASSCOM 자료에 따르면, 2015년에 약 1,000개 회사의 GIC가 인도에 설치되어 있고, 80만 명이 GIC에 고용되어 있다. 인도 IT 업계 수출양의 약 20%에 해당되며, 215억 달러 규모다.

지역별로 보면, 방갈로르에 35%, 뭄바이와 푸네 24%, 델리와 수도권 14%, 하이데라바드 11%, 첸나이 10% 등 다섯 지역을 중심으로 GIC가 주로 설립되어 있다. 국가별로 GIC는 미국 기업이 68%, 유럽 기업이 24%, 일본 기업이 4%로 미국 기업들이 단연 앞서고, 한국은 통계에 잡히지 않는다.

원래 GIC는 자사의 글로벌 제품의 일부 소프트웨어 개발이나 테스트, 유지 보수 등을 지원하는 것으로부터 시작되었다.

그러나 최근 기술 수준이 향상되고 조직적 성숙도가 높아져, 이제는 전체의 소프트웨어 개발, 더 나아가 하드웨어도 포함해 개발, 설계, 상품화까지 가능한 GIC도 늘고 있다.

최근에는 IBM처럼 특허를 취득하거나, 선진국에서 인재 확보가 어려운 기술분야 조직을 만들거나, IoT, AI, 블록체인 등의 신규기술 검증(Proof of Concept)을 하거나, 이노베이션에 힘쓰고 있는 GIC도 늘고 있다.

특이한 사항은 인도 스타트업을 활용한 액셀러레이터 프로그램을 운영하는 곳도 늘고 있다는 사실이다.

글로벌 기업들 입장에서 인도 시장에서 발생하는 매출은 그리 크지 않다. 그러나 최근 인도 시장이 급격히 성장함에 따라 제품 개발 능력을 지닌 GIC는 인도를 포함한 신흥시장의 제품개발 거점 역할을 하고 있는 경우도 많다.

GIC 중에는 수십 명에서 수백 명 정도의 소규모 GIC도 있으나, 글로벌 기업의 경우는 수천 명에서 크게는 수만 명 규모를 가진 기업들도 있다. 본국 이외에 최대 규모의 개발 거점으로 방갈로르를 '제2의 본사'로 육성할 정도다.

GIC 구성을 살펴보면 책임자 다수는 인도 사람들로 인도에서 대학을 졸업한 후, 미국에서 석사학위, MBA, Ph.D 등을 취득한다. 그리고 그들은 미국 기업에서 경험을 쌓은 뒤, 귀국한 GIC 책임자로 미국 본사와 긴밀하게 연결되어 있다.

많은 GIC는 경력 채용뿐만 아니라 신입 채용도 하고 있으며, 상위권 대학에 직접 접근해 좋은 인재를 뽑는 데 열을 올리고 있다. GIC는 인도 일반 IT 서비스 기업보다 높은 수준의 임금과 글로벌 기업의 연구 개발 업무에 종사할 수 있으므로, 취직 희망자가 많다. 또 GIC 중에는 우수한 인재를 글로벌 인재로 선발해 본사에 보내는 역할을 하는 곳도 있다.

이렇듯 인도 GIC의 역할은 우리가 흔히 아는 R&D 센터의 역할과는 확연히 다르며, 세계가 이제까지 경험해보지 못한 새로운 형태와 모습으로 변화를 이끌어나가고 있다.

인도에 GIC를 가지면 얻게 되는 다섯 가지 이점

인도, 특히 방갈로르에 GIC를 설치해 직접 운영하는 것은 기업 입장에서 인도 IT 서비스 기업에 업무를 맡기는 것과 비교해 고용과 운영 그리고 투자 면에서 큰 부담이다. 그런데도 지금도 GIC 수는 늘고 있다. GIC를 설치하는 기업의 목적은 다양하지만 그것과 상관 없이 GIC를 가지고 있을 때 기업이 얻는 이익은 상당하다. GIC를 운영했을 때 얻을 수 있는 이익을 정리하면 다음과 같다.

기업 내 연구 개발 노하우를 축적할 수 있다

기업 관점에서 핵심이 아닌 분야는 원가절감 때문이라도 IT 서비스 기업에 업무를 위탁하는 것이 유리하다. 그리고 보통 기업들은 핵심 분야는 외부에 드러내고 싶어하지 않으려고 한다. 하지만 경우에 따라 핵심인지 핵심이 아닌지 명확히 구분하는 것이 어려운 경우도 많다. 그럼에도 인도에서는 많은 기업이 GIC 설치를 통해 원가를 절감

할 뿐만 아니라 연구 개발 노하우도 축적하고 있다.

고급 인재를 확보할 수 있다

인도는 영어에 능통하고 세계에서 활약할 수 있는 IT 인재의 보고다. 인재 확보 경쟁이 한창인 이때, 현지에 거점을 두면, 이런 인재를 획득하기 쉽다. 어느 기업이나 IT는 중요한 요소이며, IoT, AI, 빅데이터 등의 적극적인 활용을 생각한다면, IT 지식을 보유한 우수한 인재를 어떤 회사도 마다하지 않을 것이다.

　　인도의 대형 IT 서비스 기업의 경우 이직률은 연간 15~20% 정도다. 하지만 GIC 대부분은 5~10% 정도로 상대적으로 낮다. 인도인의 특성상 자신이 얻을 것이 많으면 이직을 하지 않기 때문이다.

비용 통제가 쉽다

인도 IT 서비스 기업에 업무를 위탁하는 것은 비용상 유리하다는 인식이 많다. 하지만 꼭 그렇지만은 않다. 여러 자료를 살펴보면 인도 대형 IT 서비스 기업의 이익률은 20~30% 정도다. 인도에서 자사 거점을 운영할 경우 '이전 가격'은 어렵고, 인도에 적절하게 이익을 남겨야 한다. 그러나 GIC는 이익의 최대화를 목적으로 하지 않기 때문에 종업원의 급료를 높게 하는 것으로 우수한 인재를 고용하고 또 높은 성과를 낼 수 있다. 만약 GIC가 경제특별지구(SEZ: Special Economic Zone)에 설치되어 있으면, 이익에 대한 면세를 받아 그 이익은 GIC 안에 유보돼 장래 투자에 돌리는 것도 가능하다.

인도 IT 서비스 기업들과 효과적인 파트너십을 가져갈 수 있다

프로젝트가 축소되었을 때, 일반적으로 기업들은 인력을 잉여인력으로 남겨두거나 해고를 해야만 하는 상황에 놓이게 되고 기업은 많은 고민을 하게 된다.

그러나 인도에 GIC가 있으면 필요에 따라 인도 IT 서비스 기업에 적절한 전문성을 가진 인재 파견을 부탁하는 것도 가능하다. 대형 IT 서비스 기업이라면 100명 정도는 바로 조달이 가능하다. 자사는 핵심 업무를 직접하고, 인도 IT 서비스 기업에는 비핵심 업무를 맡길 수 있다.

글로벌 스탠더드에 맞는 업무를 경험할 수 있다

인도 IT 업계는 유럽이나 미국 기업을 상대로 일을 하고 있고, 업무를 진행시키는 방법이 유럽이나 미국 방식이므로, 글로벌 스탠더드에 가깝다. 영어로 업무를 주고받는 것은 당연하며, 전혀 문화가 다른 환경에서 상호 이해를 하면서 일을 하는 것은 한국에서는 경험하기 쉽지 않은 일이다. 구글, 마이크로소프트 등 글로벌 기업의 CEO 중에 인도 출신이 많다는 의미는 그들이 단순히 머리가 좋다는 의미가 아니다. 그 자리에 올라서기까지 상대방을 존중하고 화합하는 노력을 기울였기 때문이다. 또한 그들 자체가 글로벌 스텐다드에 맞는 행동을 배우고 익혔기 때문이기도 하다.

인도에 진출한
서구권과 아시아권의 차이

/

현재의 방갈로르에는 다양한 기업이 대규모 연구 개발 거점을 설치하고 있다. 특히 IT 기업들이 가장 활발한 모습을 보이고 있다. 예를 들어 마이크로소프트는 복수의 조직을 운영하고 있다. 그중 하나는 방갈로르에 있는 마이크로소프트 리서치라는 연구소, 다른 하나는 하이데라바드에서 운영되는 대규모 개발 거점이다.

구글은 방갈로르 캠퍼스에 수백 명의 연구원들이 근무하고 있다. 여기서 개발된 '맵 메이커(Map Maker: 사용자의 협력에 의해 랜드마크를 추가해서 지도를 작성하는 툴)'는 인도에서 개발 후 전 세계에 뿌려졌는데, 가장 저렴하게 개발해 가장 높은 사용자를 만들어내는 구글 인도의 자랑이다. 2015년에는 하이데라바드에 새 캠퍼스를 건설했는데 6,500명의 연구 인원을 보유하고 있으며 향후 4년 안에 1만 3,000명 수준으로 끌어올릴 예정이다.

어도비 시스템스는 방갈로르와 델리 옆 노이다에 3,500명의 연구원을 고용하고, 회사 R&D의 3분의 1을 책임지고 있다. 또한 300건 이상 특허를 가지고 있다. 인도에서 개발된 어도비 제품은 인디자인(InDesign), 일러스트레이터(Illustrator), 포토샵 엘리먼트(Photoshop Elements) 등이 있다. 최근에는 클라우드와 AI 제품 개발 분야에 박차를 가하고 있다.

삼성은 인도에 R&D 센터를 세 군데 가지고 있다. 'Samsung

'인도 진출 왜? 어디로?' 정치적인 협력을 목적으로 한 아시아는 뉴델리로, 실리를 추구하는 서구권은 방갈로르로(독일 메르켈 총리와 모디 총리가 참석한 디지타이징 투모로 투게더)

R&D Institute Bangalore'는 삼성의 해외 최대 규모 R&D 센터로 약 3,000명의 기술자가 근무 중이다. 인도 최고의 공대 IIT 출신 인재를 해마다 100명 단위로 채용하고 있는 것도 화제가 되고 있다. 박사과정을 받은 인재도 수십 명 확보하고 있어 최고급 연구 개발에 이바지하고 있다.

중국은 화웨이(화웨이기술)가 1억 7,000만 달러의 투자를 하여 2015년에 5,000명 규모의 캠퍼스를 방갈로르 인근에 세웠다.

소니도 방갈로르에 개발 거점 '소니 인디아 소프트웨어 센터'를 설립해, 1,000명이 넘는 연구원이 제품용 소프트웨어 개발과 사내 IT 시스템 등을 개발하고 있는데 이 연구소는 일본 이외 최대 규모다.

4차산업혁명이 세계 최대의 화두로 등장한 이때, IoT가 상당히 중요한 분야로 부각되고 있다.

독일은 인더스트리 4.0이 추진하고 있는 보슈, 지멘스, 메르세데스 벤츠, SAP가 GIC를 인도에 설치했다.

보슈(Robert Bosch Engineering and Business Solutions)는 방갈로르와 코임바토르에 약 2만 명을 고용하고 있다. 보슈의 독일 이외 최대 규모의 개발 거점이다. 최근에는 이 인도 거점에서 베트남, 멕시코와 협업도 활발하다. 2015년 10월에는 모디 수상과 함께 독일의 메르켈 수상이 방갈로르를 방문하여, '디지타이징 투모로 투게더(Digitizing Tomorrow Together)'라는 이벤트에 참가했다. 이 자리에서 독일이 추진하는 인더스트리 4.0과 인도가 추진하는 2차산업 활성화 프로젝트 '메이크인 인디아(Make in India)', 그리고 디지털을 통해 인도의 부패와 정부 업무의 효율화를 도모하는 '디지털 인디아(Digital India)', 유비쿼터스 첨단 도시를 만드는 '스마트 시티(Smart City)' 프로젝트를 중심에 두고 인도와 독일의 연계 방안에 대한 발표가 있었다.

메르세데스 벤츠의 독일 이외 최대 규모의 연구 개발 거점도 방갈로르에 있다. 1996년에 10명으로 시작해 2016년에는 3,500명 규모가 되었다. 이 센터에서는 특허를 무려 500건이나 신청했다.

지멘스는 방갈로르에서 3,000명의 소프트웨어 기술자를 고용하여, 소프트웨어를 중심으로 지멘스 글로벌 비즈니스를 펼치고 있다.

SAP도 1998년부터 방갈로르에 SAP 랩스 인디아(SAP Labs India)를 설치했다. 현재는 방갈로르, 델리 인근 구르가온, 푸네에 7,300명을 고용해 운영하고 있는데, 이는 독일을 제외하면 최대 규모다. 매년 1,000명씩 규모를 확대하고 있다.

미국 기업인 GE는 2000년도 당시 CEO 잭 웰치의 이름을 딴 '존 웰치 기술 센터(John F. Welch Technology Center)'를 개설했다. 이곳은 미국 이외 최대 규모의 연구 개발 센터로 5,000명 규모의 기술자와 연구원이 에너지, 운수, 헬스케어 분야에서 최첨단 연구 개발을 하고 있다.

최근, GE는 IoT 플랫폼 '프레딕스(Predix)'를 개발했다. 프레딕스 기반 소프트웨어 비즈니스 규모는 2016년 60억 달러에서 2020년에는 150억 달러로 4년간 두 배 이상 늘릴 예정이다. 그 목표 달성을 위해 2016년 말 방갈로르에 '디지털 허브(Digital Hub)'를 만들었고 현재 1,500명 수준인 IT, 소프트웨어 엔지니어 규모를 1,000명 더 추가해 2,500명 규모로 확대할 계획이다.

시스코는 약 1만 명을 뽑아 인도 국내에 스마트 시티나 IoT 관련 프로젝트에 적극 참여하고 있다.

인텔은 서버용 프로세서 '엑손(XEON)'을 시작으로, 다양한 제품 개발을 인도에서 하고 있다. 현재 8,000명 정도 고용하고 있으나, 사업 확장으로 인해 3,000명을 추가로 더 늘릴 예정이다.

4차산업혁명의 시대, IoT 디바이스부터 소프트웨어·클라우드·데이터 분석·AI 등의 중요성은 점점 늘어나고 있는 가운데, 인도의 역할은 점점 더 커지고 있다.

2016년 11월 8일, 트럼프 대통령이 뽑힌 미국 대통령 선거 날, 영국의 메이 총리가 조용히 방갈로르를 방문했다. EU 탈퇴 결정 후 취임한 메이 총리는 EU 이외 첫 방문 국가로 인도를 택했다. 수도 델리에서 총리 회담을 가진 후, 비행기로 두 시간 반 걸리는 방갈로르를 방문해 기업가들과 회담했다. 공교롭게 같은 날 모디 총리는 돌연 고액 지폐 사용 폐지를 선언하며 인도의 핀테크 혁명의 시작을 알렸다.

　인도를 향한 서구의 움직임과 아시아 기업들의 움직임은 참으로 많은 차이를 보인다. 아시아는 정치적 목적으로 인도와 협력하는 경향이 높고 서구는 실질적인 움직임이 많다. 그래서인지 방갈로르를 방문하는 국가원수들은 주로 서구권이고, 수도 뉴델리 위주로 방문하는 분들은 주로 아시아권이다.

업종을 가리지 않고
방갈로르로 몰려드는 기업들

IT 업계 이외 기업에서도 방갈로르에 거점을 두고 있는 기업이 많다. 금융 분야에서는 골드만 삭스, 모건 스탠리, 피델리티, 웰스 파고, 오스트레일리아 뉴질랜드 은행 등 유명 금융기업 대부분이 방갈로르에 거점을 두고 있다.

　2015년에는 세계 최대 신용카드사 비자가 방갈로르에 이노베이션 랩(Innovation Lab)을 개설했다. 여기에서는 모바일용 결제 솔루션을 메인으로, 현재 미국, 싱가포르에 있는 블록체인 기술 연구팀과도 연계해 연구 개발을 진행하고 있다. 또 비자 본사 기술 분야 최고 권위

자인 라잣 타네자(Rajat Taneja)는 인도에서 대학을 졸업한 뒤에 2013년부터 비자 기술분야 최고 책임자(Executive Vice President of Technology) 자리에 올랐다. 이렇게 뛰어난 인도 인재가 존재하기 때문에 인도는 연구 개발의 거점으로 활용되기가 쉽다.

소매 분야는 미국의 월마트나 타깃, 영국의 테스코 등이 방갈로르에 거점으로 두고 있다. 월마트는 미국에 본사를 둔 세계 최대의 슈퍼마켓 체인이다. 2011년에는 방갈로르에 월마트 랩을 설치했다. 최근 월마트는 아마존에 대항해 전자 상거래 비즈니스 규모를 급격히 확대하고 있다. 방갈로르 월마트 랩에서는 항상 경쟁사보다 최저 가격을 유지하기 위한 가격분석 툴과 AI 기술을 활용한 가격 자동 결정 플랫폼을 개발했다. 또, 유통 최적화 등 디지털 시대 최첨단 분야 기술개발 업무를 진행하고 있다.

미국 2위 소매업체 타깃은 미국 미니애폴리스 본사 다음으로 큰 제2본사를 방갈로르에 만들었다. 2,800명의 연구원이 시스템 개발뿐만 아니라, 디지털 마케팅 등의 데이터 분석도 하고 있다. 미국 본사에서 데이터 분석가를 채용하는 것이 어려워져 방갈로르에 있는 우수한 데이터 분석 관련 인재를 뽑아 육성·활용하고 있다.

항공 산업에는 보잉, 에어버스, 롤스로이스 등이 개발 거점을 방갈로르에 두고 있다. 2017년 7월 보잉은 향후 20년간 인도에서 최대로 2,100기(총액 2,900억 달러 규모)를 수주할 수 있을 것이라는 전망을 발표했다. 폭주하는 항공 시장에서 개발 거점으로서 방갈로르의 중요성과 역할은 점점 커지고 있다.

2014년 이후에 방갈로르에 거점이 개설된 기업을 꼽자면 엑슨 모빌(석유 메이저), 카길(미국의 곡물 메이저), 빅토리아 시크릿(미국 패션 브랜드), 로스(미국의 주택리폼, 생활가전 체인), JC페니(미국 백화점 체인), CME 그룹(미국의 파생금융상품거래소 운영회사), 브리티시 텔레콤(영국의 전기통신사업자) 등 종류도 다양하다.

2016년 인도의 올라(OLA)와 치열한 경쟁을 하고 있는 미국 유니콘 기업 우버가 개발 센터를 개설했다. 또 2017년에는 동남아시아에서 비즈니스를 전개하는 말레이시아의 그랩 택시(Grab Taxi), 인도네시아 고-젝(GO-JEK)도 인도에서 비즈니스를 전개하는 대신 기술개발 거점 설치를 발표했다.

이제는 모든 업종의 기업에서 IT 기술의 중요성이 높아지고 있는 가운데, 기업들이 방갈로르에 거점을 만드는 흐름은 당분간 멈추지 않을 것으로 보인다.

말도 많고 탈도 많은
블록체인 기술 선진국 인도 IT 업계 동향

현재 세계적으로 블록체인 기술이 주목받고 있다. 우리나라에서도 비트코인 거래로 큰 화제가 되고 있으나, 상상 이상으로 인도 IT 업계의 움직임은 빠르다.

2015년 2월, 뭄바이에서 개최된 NASSCOM India Leadership

인도 4차산업혁명, 세계를 움직이다

Forum(NILF)의 연설에서 인도 IT 서비스 기업의 최고위급 인사가 '블록체인 시장의 가능성과 전망'이 밝다는 점을 역설했다.

인도의 IT 서비스 기업들은 세계 금융 관련 기업으로부터 IT 시스템 개발의 업무를 받고 있고, 금융 시스템에 관해서도 잘 이해하고 있다. 블록체인에 대한 고객들의 관심도 매우 높다. 기술은 오픈 소스로 공개되어 있고, 각 회사 모두 사내에 연구 개발 팀을 만들어 기술 구현 면에서도 가능성이 충분하다고 판단하고 있다. 이미 블록체인 기술을 활용한 여러 가지 파일럿 프로젝트나 POC(Proof of Concept: 개념증명) 개발을 고객용 서비스로 제공하고 있을 정도다.

인도 3대 IT 서비스 업체의 움직임도 활발하다. 인도 최대 IT 서비스 기업 TCS는 2016년에 벌써 100여 건의 프로젝트를 진행하고 있었다. 또 금융 분야 비즈니스에 강한 인포시스는 2017년 50건의 파일럿 프로젝트를 진행 중이었으며, 500명의 전문가와 1,000명의 컨설턴트를 두고 있다. 위프로는 아홉 개의 블록체인 솔루션을 발표했다. 이것은 위프로의 블록체인 이노베이션 랩에서 고객사와 공동개발한 것이다.

블록체인 기술을 미래 먹거리로 강력하게 추진하고 있는 IBM은 오픈소스 블록체인 기술 추진 커뮤니티 '하이퍼레저 프로젝트(Hyperledger Project)'의 멤버로서 하이퍼레저 펀딩의 개발과 실용화에 열을 올리고 있다. 특히 방갈로르의 IBM 리서치 랩은 블록체인 기술 개발에 처음부터 참여하면서, 이 기술을 응용해 전 세계 고객용 애플리케이션 개발에도 힘쓰고 있다.

2015년부터 방갈로르에 개발 거점을 둔 비자카드도 블록체인 연구 개발을 시작했다. 또 블록체인의 스타트업도 차례로 등장하고 있다. 관련 컨퍼런스나 미트 업(Meet up)도 빈번히 개최되는 상황이다.

인도 정부는 2016년 말 고액지폐 사용 폐지를 발표하고 '현금 없는' 사회를 만들기 위해 노력하고 있다. 이에 따라 인도 은행들도 이를 위한 시도를 여러 가지 하고 있다.

인도 IT 업계는 블록체인 관해서 고객의 소리를 듣고, 오픈소스로 제공되는 블록체인 기술을 이해하는 인재를 육성하며, 여러 경험과 실적을 급속히 쌓아나가고 있다.

인도 전략이
애플의 미래 좌우한다

스티브 잡스는 애플을 창업하기 전 1970년대에 정신적인 깨달음을 찾기 위해 친구와 함께 인도 여행을 와서 수개월 머물렀다. 그때 받은 영감이 애플 창업을 이끌었다고 알려진 바 있다. 하지만 그 후 잡스는 인도와 특별한 관계를 갖지는 않았다.

그러나 스티브 잡스는 페이스북 창업자 마크 주커버그와 회사의 장래에 관해 상담할 때, 인도 우타라칸트 주에 있는 카인치담 사원(Kainchi Dham)에 방문해볼 것을 권했다. 이 말을 들은 주커버그는 그곳을 실제로 방문한 뒤 페이스북에 주어진 미션을 확신했다고 한다.

잡스는 적어도 인도의 정신적인 면에 대한 흥미는 계속 가진 듯하다.

2011년 스티브 잡스 사망 이후, 애플 CIO(최고정보책임자)가 방갈로르의 인포시스, 위프로를 방문해 미디어에서 화제가 되었다. 보도에 따르면 그 시점에 이미 1억 달러 규모 상당의 IT 서비스를 인도에서 아웃소싱하고 있었던 것이 밝혀졌다. 그 후 투자는 지속적으로 늘어나 현재 약 4억 달러까지 확대됐다. 실제로 인포시스에는 애플을 전담하는 직원만 1,400명이 고용되어 있다.

2007년 아이폰(iPhone)이 세상에 발표되었는데 당시 IT 업계에서는 블랙베리가 대단한 인기였다. 그 후 삼성이나 인도 스마트폰 메이커가 저가 안드로이드 스마트폰을 발매했다. 인도에서는 안드로이드 스마트폰이 압도적으로 주류를 이루고 있고, 최근에는 중국 기업들의 시장 점유율이 급격히 늘어나고 있다. 애플의 아이폰도 판매되고 있는데, 최고급 스마트폰 시장에서는 높은 점유율을 기록하고 있다. 하지만 전체 시장에서 차지하는 비중은 2~3% 정도로 낮다. 게다가 지금까지 애플은 인도에 대한 특별한 전략을 내세우지 않았다.

2016년 애플의 갑작스러운 움직임이 포착되기 시작했다. 애플은 2016년 2월 하이데라바드에 4,000명 규모의 개발 센터 개설 계획을 밝혔고, 같은 해 하반기 문을 열었다. 여기서는 디지털 맵 애플리케이션 개발을 하고 있다.

하이데라바드에는 현대자동차를 비롯해, 마이크로소프트·구글·페이스북 등의 개발 거점이 있으며, 방갈로르 다음으로 글로벌 IT 기업 개발의 중심지이기도 하다.

2017년 6월 방갈로르서 만든 아이폰이 발매되었다. 애플의 제조 파트너가 방갈로르 공장에서 조립한 제품이다. 그전까지는 중국에서 생산되어 수입되고 있었다.

2016년 5월 애플 팀 쿡 CEO는 인도를 처음으로 방문해, 모디 총리와 면담을 가졌다. 팀 쿡은 인도 시장 확대를 위해 인도 정부에 여러 가지를 요청했다. 팀 쿡의 인도 방문은 몇 가지 이유가 있는데, 우선 첫째, 다른 국가에 비해 유독 점유율이 낮은 애플의 점유율 높이기 위함이었다. 2016년 1분기 아이폰의 판매 대수는 2007년 발매 이래 처음으로 감소했다. 그리고 전체 매출도 13년 만에 감소했다. 안드로이드 휴대폰 시장이 전년 동기간 대비 56%나 성장하고 있던 시기에 애플의 실적은 곤두박질친 것이다.

둘째, iOS 기반 앱을 활성화하기 위함이다. 방갈로르에서 아이폰 SE의 생산은 모디 수상이 추진하는 '메이크 인 인디아(Make in India)'에 응하는 전략 중 하나였다.

이와 별도로 2017년 3월 애플은 세계에서 처음으로 방갈로르에 앱개발 지원 센터 '앱 엑셀러레이터(App Accelerator)'를 개설하고, iOS용 앱개발을 지원하기 시작했다. 매주 500명의 개발자에게 개별적으로 지원하고 있다.

2017년 5월 모디 수상을 만난 자리에서 팀 쿡은 애플에 의한 '앱 이코노미(App Economy)'는 인도에 74만 명의 고용을 창출하고 있다고 밝혔다. 그러면서 애플 앱스토어(App Store) 앱 가운데 2016년에 인도 개발자들에 의해 개발된 것이 전년 대비 57%나 증가해 약 19만 개나 된다고 밝히면서, 인도의 중요성을 어필했다.

스티븐 잡스의 『전기』에 따르면, 잡스는 터키의 이스탄불을 방문했을 때, 어떤 계시를 받았다고 한다.

"하루 종일 이스탄불을 걸었다. 그러는 동안 많은 젊은이를 보았다. 이들은 모두 다른 나라의 젊은이와 같은 음료를 마시고 있었고, 갭매장에서 팔고 있을 것 같은 옷을 입고 있었고, 모두 휴대전화를 사용하고 있었다. 다른 나라의 젊은 사람들과 똑같다. 즉 젊은이들은 전 세계 어디에 있든지 동일한 제품과 서비스를 소비하고 있는 것이다."

확실히 애플이 동일 모델을 세계에 발매하고 있고, 세계 많은 젊은 층에게 지지받고 있는 것은 사실이다. 글로벌 시장에서 동일 모델을 공략하는 전략은 많은 선진국이나 중국에서도 성공했다. 이를 기반으로 애플은 세계 최대 시가 총액을 보유한 회사로 성장했다.

사진: Apple India

세계 최대의 시가 총액을 보유한 회사 애플. 인도 시장에서는 과연 어떤 성과를 보이고 있을까? 애플의 인도 하이데라바드 연구소

그러나 인도에서는 다르다. 인도 스마트폰 시장은 2016년 시점에 이미 양적으로 중국·미국의 판매 규모까지 성장했고, 2017년에는 미국을 제쳤다. 또 치열한 경쟁 가운데, 중국과 한국 삼성, 그리고 인도 제품이 시장 쟁탈전을 벌이고 있다. 모두 구글이 개발한 안드로이드 OS를 사용한 휴대폰이다. 각 회사는 폭발하는 인도 중산층에 포커스를 맞춰 100~200달러의 저가 제품부터, 선진국에서도 발매되는 하이엔드 제품까지 투입하고 있다. 또 인도 특유의 고객 니즈에 맞춰 듀얼심(SIM) 모델(두 개의 SIM 카드가 들어감)도 갖추고 있다.

안드로이드 OS를 개발하는 구글은 방갈로르와 하이데라바드에 몇 년 전부터 개발 거점을 만들어 운영하고 있다. 애플이 드디어 움직이고 있으나 출발이 꽤 늦었다. 인도 전략이 애플의 미래에 큰 영향을 주는 것은 틀림없다. 세계 최대의 시가 총액을 자랑하며 자금력이 풍부한 애플이 과연 인도시장에서 얼마나 성과를 보일지 무척 궁금하다.

인도에 눈뜬 세계, 반대로 눈 감은 한국

세계 IT 업계를 대표하는 기업이나 IT 기술을 적극적으로 활용하는 기업 대부분은 방갈로르에 GIC(개발 거점)을 가지고 있다. 그리고 개발 거점끼리 여러 모양으로 현지에서 왕성한 교류가 이루어지고 있다.

IT 업계 단체인 나스컴(NASSCOM)이나 R&D 컨설팅 회사인 진노브 (ZINNOV)사 주최로 GIC에 관한 컨퍼런스가 정기적으로 개최된다. 컨퍼런스에서는 세계의 여러 가지 최신 트렌드가 소개되고 다양한 테마의 공개 토론회를 통해 여러 가지 의견이 교환된다. 최근엔 인도가 안고 있는 다양한 과제를 최신의 테크놀로지로 해결하고, 신규 비즈니스를 일으키는 것도 뜨거운 화제가 되고 있다. 이미 인도 개발 거점에서 제안해 개발된 기술과 제품, 서비스가 본사에서 채택돼 세계에 판매되는 사례도 나오고 있고, 각 회사의 베스트 사례나 성공 사례가 적극적으로 공유되고 있다. 이러한 인도의 GIC 간의 상호교류가 각 조직의 수준을 높이고 성장을 가속화하고 있다. 또한 이러한 움직임이 각 본사의 R&D 전략, 디지털 전략, 신규 비즈니스 전략에 주는 영향력도 매우 커지고 있다.

한국에서 인도를 활용할 수 있는 기업은 극소수다. 그 이유 중 하나는 한국 기업은 지금 인도 IT 업계에 극적인 변화가 일어나고 있다는 사실을 전혀 모르고 있다는 점이다. 또 인도 IT 업계를 어떻게 활용할지 모르고, 심지어 필요성조차 느끼지 못하고 있다는 점도 문제다. 어느 정도 규모의 회사라면 IT 부문을 가지고 있고 대부분은 사내 시스템 개발을 담당하는 위치인 경우가 많다. 또 기업의 제품이나 서비스에서 IT 기술의 비중이 늘고 있지만, 그것이 바로 핵심이라고 생각하지 않는다. 결국 한국 기업은 IT 기술의 비즈니스, 제품, 서비스가 주는 임팩트를 과소평가하고 있다.

한국 기업은 거의 국내에서 연구 개발이나 제품 특허를 낸다. 인도용 제품에 관해서도 로컬에 맞는 제품이 아닌 글로벌 상품 전략 아래 상품을 내놓는다. 이러한 패턴으로는 거대 인도시장에서 생존하기 어렵다. 최근 삼성전자는 그동안 1위를 놓치지 않았던 휴대폰 판매 부문에서 중국 샤오미에 밀리는 상황이다. 삼성이 샤오미에 선두를 빼앗긴 데에는 여러 가지 이유가 있을 것이다. 하지만 삼성이 거의 홀로 고군분투하는 상황에서 우리 기업들의 인도 진출에 대한 생각을 근본적이고 의미 있는 수준으로 바꾸지 않는다면, 이미 시장에 형성된 게임의 규칙을 바꿀 수 없을 것이다.

제4장

제약이 많아
혁신도 많은 인도

인도는 IT 선진국으로 성장하고 있는 한편, 빈곤과 환경오염 등 사회문제가 넘치는 국가다. 그것을 해결하기 위해 인프라를 새롭게 구축하거나, 자원을 쏟거나, 가치관이 다른 사람들의 협력을 이끌어내야 하는데, 이런 문제를 해결하기에는 많은 제약 요소가 있다.
그럼에도 저마다의 목적을 위해 선진 기업을 포함해 많은 기업이 방갈로르를 비롯한 인도의 대도시에 거점을 두는 이유는 무엇일까?
이번 장에서는 많은 제약을 혁신으로 바꾸어 세계적인 기업이 인도를 찾게 하는 인도의 다양한 정책과 기술에 대해 살펴보고자 한다.

'리버스 이노베이션'의 열쇠는,
다름 아닌 인도의 수많은 제약

인도의 선도적 민간 은행인 YES 뱅크는 은행 계좌가 없어도 휴대폰으로 돈을 송금할 수 있는 모바일 결제 솔루션을 구현했다. 인도는 9억 명이 2G를 포함한 휴대전화를 보유하고 있지만, 6억 명은 은행 계좌도 없이 시골 마을에서 살고 있다. 이 솔루션은 이런 시골 마을을 제도권 경제로 끌어들인 혁신적인 송금 시스템이다. YES 뱅크는 역경 속에서 기회를 모색해 경제적으로 소외된 수억 명의 인도인에게 더 적은 비용으로 더 많은 가치를 제공하는 간단한 해결책을 고안해 냈다.

인도는 2018년에 들어서야 인도 59만 7,000여 개 농촌 마을 전체에 전기를 공급하기 시작한 나라다.

인도에서 일을 해본 사람들이라면 경험하는 것이 한국처럼 일을 하기가 쉽지 않다는 점이다. 뭘 해도 제약이 많다. 가령 인도를 가기 위한 첫걸음인 비자 신청도 온라인을 통해 진행하려면 몇 번의 실패를 경험하지 않고는 갈 수 없는 곳이 인도다. 그만큼 어떤 일을 하려해도 제약이 많고 절차가 복잡하다.

하지만 최근 인도는 한국인이 많이 방문하는 여섯 개 도시(뉴델리, 뭄바이, 첸나이, 콜카타, 방갈로르, 하이데라바드)에 한해, 2018년 10월부터 도착 비자(VOA)를 발급한다고 발표했다. 그간 전 세계에서 일본인에 한해서만 유일하게 시행한 제도였다. 통상 인도를 방문하려면 최소한

1주일 전에 비자를 신청해야 했던 문제가 해결된 것이다.

이렇게 제약이 많은데도 저마다의 목적을 위해 선진 기업을 포함해 많은 기업들이 방갈로르를 비롯해 인도의 대도시에 거점을 두는 이유는 무엇일까?

그들이 관심 갖는 분야는 소프트웨어와 기업 IT 시스템 개발, 빅데이터 분석, 블록체인·IoT·AI 등 첨단 연구 개발, 그리고 유망 스타트업 발굴, IT 인재 획득과 선진국·중진국과 개발도상국 대상 시장 공략 등으로 매우 다양하다. 그리고 이들의 목적을 최저가로 달성할 수 있는 세계 유일의 장소가 인도라는 점을 알고 있기에 경쟁적으로 인도에 진출하고 있다.

또한 최근 인도에서 만들어진 혁신적인 상품이나 서비스가 전 세계에서 사랑받고 있는 사례가 여럿 생겨나고 있다. 왜 그런 사례가 빈발하고 있을까?

흔히 방갈로르를 '미니 실리콘밸리'라고 생각하는 사람들이 많다. 하지만 실리콘밸리와는 달리 많은 제약 사항이 사방에 지뢰처럼 놓여 있다. 상황이 이렇다보니 혹자는 인건비만 믿고 왔는데 당황스러운 비즈니스 환경이리며 고개를 흔들기도 한다.

하지만 방갈로르와 인도에는 실리콘밸리로 대표되는 선진국에는 없는 아주 강한 장점이 있다.

바로, '리버스 이노베이션(Reverse Innovation: 역혁신)'이다. 리버스 이노베이션이란 다트머스 대학의 비자이 고빈다라잔 교수가 새롭게 만든 말이다. 기존 산업을 뛰어넘는 혁신적인 제품은 지금까지 주로 선진국에서 태어났다. 또 이 혁신 제품은 시간이 지나면서 가격이 떨어진다. 그러고 난 뒤에야 신흥국에 혁신 제품이 보급되는 공식을 가지고 있었다. 그런데 이와 정반대의 이노베이션이 등장하기 시작한 것이다. 즉 신흥국에서 태어난 이노베이션이 선진국 또는 글로벌로 보급되는 사례가 나오기 시작했다. 이것을 '리버스 이노베이션'이라고 한다. 이 현상은 선진국 사람들의 생활에도 영향을 줄 수 있는 현상으로 주목받고 있다.

기존에는 신흥국 시장을 공략하기 위해서는 선진국에서 만들어진 제품의 '저가판'을 가지고 시장을 공략하면 된다고 생각했었다. 이것을 글로컬라이제이션(Glocalization) 전략이라고 한다. 이 전략은 신흥국 중에서도 비교적 부유한 사람에게만 효과가 있고, 대다수를 차지하는 중간층·빈곤층에게는 통하지 않는 특징을 가지고 있다. 신흥국에서 폭넓게 받아들여지는 제품을 공급하기 위해서는 신흥국 특유의 요구를 파악하고 처음부터 제품 설계에 반영해야 한다. 게다가 요즘 신흥국은 과거와 달리 이제 세계적인 격전지로 바뀌었다. 선진국에서 인기 있었다는 이유만으로 제품을 보급하려 한다면 순식간에 현지 기업에 시장을 뺏길 판이다.

이러한 배경은 신흥국이야말로 이노베이션이 필요하다는 생각을 급속도로 확대하고 있다. 그리고 신흥국에서 태어난 독특한 이노베이션은 선진국 시장에서도 충분히 통용되는 것이 많아 이제 신흥국에서 선진국으로, 즉 기존과는 반대 흐름의 이노베이션이라는 점에서 '리버스 이노베이션'이라고 불리게 되었다.

인도는 IT 선진국으로 성장하고 있는 한편, 빈곤과 환경오염 등 사회문제가 넘치는 국가다. 이것을 해결하기 위해 인프라를 새롭게 구축하거나, 자원을 쏟거나, 가치관이 다른 사람들의 협력을 이끌어 내야 하는데, 이런 문제를 해결하기에는 많은 제약 요소가 있다.

그러나 그 많은 제약 요소야말로 리버스 이노베이션의 열쇠가 된다. 제약이 많으면 상식선상의 해결책으로는 도저히 해결이 안 된다. 따라서 자연스럽게 과감한 개선책이 필요하다. 그래야 지금까지의 상식을 뒤엎는 상품이나 서비스가 나오는 것이다.

그렇다면 이러한 과감한 개선책은 어떤 모습으로 시장에 나오게 될까? 이것을 이해하기 위한 좋은 사례가 GE 헬스케어의 MAC 400이다.

열악한 조건이 만들어낸 혁신, GE 심전도계

인도는 심장병 환자가 무척 많은 나리다. 또한 서구사회보다 평균 심장병 발병 나이가 10~15년 정도 빠르다. 그만큼 심장 질환을 검사하는 기계에 대한 수요도 무척 높다.

이러한 사실을 간파한 GE 헬스케어는 일찌감치 인도에 들어가 심전도계 영업을 시작했다.

MAC 400은 2007년 12월에 GE 헬스케어가 인도에서 판매를 시작한 휴대형 심전도계다. MAC 400이 탄생한 계기가 된 것은 구형 심전도계가 인도에서 전혀 팔리지 않았기 때문이다. 고성능으로 인해 선진국에서는 확실한 자리를 잡았으나 인도에서는 철저히 외면당했다.

원래 GE 헬스케어의 방갈로르 기술팀은 매출 부진의 원인을 파악하지 못하고 있었다. 따라서 조사에 조사를 거듭한 결과, 자신들의 접근 방식이 완전히 잘못되었고 현지 의사들의 니즈를 만족시키지 못하고 있음을 알게 되었다.

GE의 마케터들은 선진국에서처럼 '성능이 좋으면 고가여도 잘 팔린다'고 착각을 한 것이다.

GE 헬스케어의 기존 심전도계는 정밀도가 높고 선진국 의사 그 누구라도 만족시키는 상품이었다. 그러나 가격은 1대당 약 3,000~1만 달러. 선진국에서는 충분히 수용할 수 있는 가격일지 몰라도 인도에서는 일부 큰 병원을 제외하고는 받아들이기 힘든 가격이었다. 또 무리해서 구입을 한 병원 입장에서는 비용을 뽑기 위해 검사비를 올릴 수밖에 없었다. 환자는 고액을 들여 검사하는 것을 원치 않기 때문에 결국 좋은 기계를 사용하지 못하고 병원 한구석에 방치하는 사례가 적지 않았다.

인도에서는 가까운 거리에 의료기관이 없는 곳이 많기 때문에 의사가 직접 왕진을 가야 하는 경우가 많다. 그때 심전도계를 직접 들고 이동하는 의사는 없을 것이며, 기존 심전도계 또한 이동할 수 있는 크기가 아니었다. 게다가, 인도에서는 전기가 제대로 공급되지 않아 정전이 일어날 경우도 빈번했고, 최근에 모든 농촌에 전기가 들어가지만, 과거 일부 농촌 지역은 아예 전기가 들어오지도 않았다. 기존 심전도계는 전력소비량이 크기 때문에 배터리로도 어렵고 전기 콘센트를 써야만 했다. 다시 말해, 장소에 따라 사용할 수 없는 경우가 많았다. 또한 심전도계 사용에 익숙하지 않은 의사들도 많았기 때문에 이들은 조작이 간단한 것을 필요로 했다. 또한 당시 GE A/S 거점이 인도에 있는 것도 아니어서 고장이 나면 수리를 받는다는 것은 현실적으로 어려웠다.

결과적으로 이러한 환경 아래서 구모델 심전도계가 팔리는 것이 오히려 신기한 상황이었다. 결국, 인도 의사들은 정밀도가 조금 떨어지더라도 낮은 가격과 환경에 좌우되지 않는 언제 어디서나 진료가 가능한 가벼운 심전도 기계를 원했던 것이다. 기존 GE가 파악했던 선진국 의사들과는 완전 다른 요구 사항을 가지고 있었다.

이 과제를 해결하기 위해서는 GE 헬스케어는 전문팀을 방갈로르에 설치하여 아예 새로운 심전도계를 개발하기로 결정했다. 또 시장 경쟁력 확보를 위해서는 가격이 절대적이기 때문에 목표는 가격을 파격적으로 내리는 것이었다. 목표로 제시된 가격은 1대 당 800달러, 구형 모델에 비해 획기적인 원가 절감이 필요했다. GE 헬스케어에서는 이러한 목표를 달성하기 위해, 비용 절감이 가능한 모든 것에 대한 혁신적 비용 절감 목표를 설정했다.

그 결과 프린터는 공공버스 티켓 판매기에서 사용되던 저렴한 것을 사용함으로써 대폭적인 비용 절감이 가능하게 되었다. 검사 결과

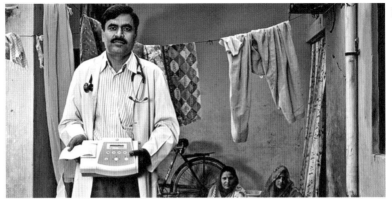

GE가 개발한 MAC 400 심전도계. 선진국으로 역수출하는 '리버스 이노베이션'을 보여준다.

를 인쇄하는 프린터 성능을 굳이 고사양으로 고집할 필요가 없는 것
이다. 조작방법을 간단하게 설계해, 검사 결과를 인쇄하면 굳이 모니
터가 없어도 불편하지 않게 만들었다. 모니터를 없앤 결과, 총 중량
또한 1kg 정도로 가벼운 노트북 수준이 되었다. 개발팀은 개발 과정
에서 인도 의사들에게 불필요한 사항을 속속들이 없애기로 하였다.
이밖에 동력은 충전식 배터리로 작동하는 방식으로 바꿔 전기가 통하
지 않는 지역에서도 사용할 수 있게 했다. 이렇게 해서 2007년 12월
에 발매된 MAC 400은, 인도 의사들로부터 높은 평가를 받아 도시뿐
만 아니라 농촌의 작은 병원에까지 퍼져갔다. 그 결과, 심장병을 앓는
많은 환자들이 중병으로 옮겨가지 않도록 예방하는 데에도 큰 이바지
를 했다.

　더군다나 MAC 400의 수요는 인도에만 그친 것이 아니었다. 제품
출시 후, 지역별 매출의 50% 이상이 미국과 유럽지역에서 나왔다. 자

금이 부족한 선진국 개인 병원도 저렴한 가격과 성능, 콤팩트한 디자인의 MAC 400을 상당히 많이 구매했다. 이렇게 신흥국에서 개발된 GE 헬스케어의 휴대형 심전도계는 이제는 선진국에서 보편화된 상품으로 자리 잡았고, 전 세계 심전도 시장에서 차지하는 점유율이 매우 높다.

영화〈그래비티〉제작비보다 싼, 인도 초저가 화성탐사선 망갈리안

2014년 화성 궤도 진입에 성공한 인도의 망갈리안은 세계 최초로 첫 도전에서 궤도 안착에 성공한 탐사선이었다. 하지만 더 놀라운 것은 망갈리안 제작 비용이 불과 며칠 전 먼저 화성 궤도에 진입한 미국 화성 탐사선 메이븐의 10분의 1에 불과하다는 사실이다. 메이븐 제작비는 7,000억 원, 망갈리안은 770억 원이었다. 나렌드라 모디 인도 총리가 할리우드 공상과학영화〈그래비티〉보다 망갈리안이 더 싸다고 한 말이 농담이 아니었음이 증명되는 순간이다. 참고로 영화〈그래비티〉의 제작비는 약 1,000억 원 정도 들었다.

인도는 어떻게 이렇게 싼 값에 화성탐사에 성공했을까? 우선 자국의 기술을 바탕으로 탐사선 제조에 비싼 수입 부품을 쓰지 않았다. 탐사선도 최대한 단순하게 만들었다.

망갈리안은 탑재물도 최소화했다. 이런 단순한 기능만 갖춘 탐사선이 이런저런 복잡한 기능을 제대로 해내는 데는 한계가 있다. 하지만 인도는 과감히 기존 화성탐사선들이 주요 목적으로 삼았던 화성 대기 중 메탄가스 측정 기술만 넣었다. 메탄가스의 존재는 생명체의 존재 가능성을 말해준다. 지구 대기도 많은 양의 메탄가스가 있다. 대부문 생명체는 소화를 하면 미생물이 작용해 탄소와 수소가 발생한다. 탄소와 수소의 결합체인 메탄은 이러한 소화과정에서 자연히 만들어진다. 다시 말해 과학자들은 화성의 땅속 깊은 곳에 벌레나 박테리아 같은 생명체가 존재해 이들이 메탄가스를 생성하고 있을 수도 있다고 말한다.

망갈리안의 화성 탐사선 대열 합류는 서양 과학자들에게도 큰 환영을 받았다. 이들은 기존 궤도를 탐사 중이던 마스 익스프레스와 더

사진: ISRO

세계 최초로 첫 도전에서 궤도 안착에 성공한 인도 화성 탐사선 망갈리안 위성

불어 망갈리안, 메이븐의 합류로 세 개 지점의 대기를 동시에 관찰할 수 있게 된 것이다.

방갈로르에는 ISRO(인도우주연구기구)가 있다. 이곳은 우주공학이나 로켓 발사 기술에서 세계 탑 클래스의 기술을 가진 곳이다. ISRO가 2013년 11월에 쏘아 올린 화성 탐사선 망갈리안은 2014년 9월 24일, 화성 궤도에 도달했다. 이것은 세계에서 러시아·미국·유럽에 이어 네 번째로 성공한 것으로, 첫 도전으로 성공한 국가는 인도가 처음이다. 아시아에서는 일본도 중국도 실패했다. 제작기간 또한 3년에 불과해 미국이 6년에 걸쳐 개발한 것에 비해서 딱 절반의 시간이 걸렸다.

인도는 1974년과 1998년에 핵 실험을 실시해 미국 등 선진국으로부터 하이테크 기술의 수입을 거부당한 적도 있어 거의 본인들의

사진: ISRO

정지궤도위성이나 심우주 탐사선을 보내는 데 활용되는 우주발사체 GSLV(Geosynchronous Satellite Launch Vehicle)가 발사대로 이동하고 있다.

인도 4차산업혁명, 세계를 움직이다

힘으로 우주 기술개발을 해나가고 있다. 이것을 가능하게 만드는 힘은 선진국에 뒤지지 않는 기술력과 우수한 인재, 그리고 열악한 환경과 조건에서 생겨난, 선진국에는 없는 발상과 도전정신 등에 있다. 대한민국 우리별 3호를 대신 발사해준 ISRO에서는 2016년 5월 23일 재사용 가능한 우주 왕복선의 핵실험 RLV-TD의 발사 또한 성공했다.

추후 실용화되어 2020년 정도에는 실제로 사람이나 인공위성을 쏘아 올리는 상업용 실용 우주선의 완성을 목표로, 로켓발사 비용을 현재 가격의 10분의 1까지 내릴 것으로 보인다. 2017년 2월 15일에는 ISRO가 개발한 PSLV는 인공위성 104기를 한꺼번에 성공적으로 쏘아 올렸다. 비록 작은 위성들이긴 하지만, 이 숫자는 세계기록이다. 인공위성의 대부분은 해외로부터 의뢰를 받은 것이다. 적은 비용이 매력적이라 의뢰를 받은 것일 수도 있다.

하지만 인도의 우주산업은 비즈니스로서 인도 IT 산업과 어깨를 나란히 할 만큼 성장할 것으로 예상된다. 이러한 인도의 우주산업 확대로 방갈로르가 세계의 우주산업 이노베이션의 중심이 될 가능성 또한 높아졌다. 벌써부터 방갈로르에는 우주 관련 스타트업이 하나 둘 등장하기 시작했다.

구글의 루나 X 프라이스(Lunar X Prize)는 지난 2007년 구글과 비영리조직인 X 프라이스가 3,000만 달러의 상금을 걸고 달에 착륙선과 로버(Rover)를 보내 달 탐사를 하는 국제경진대회다.

달에 착륙한 로버는 최소한 500미터를 이동한 후 지구에 관련 영상을 보내야 한다. 지난해(2017) 말까지 16개 팀이 경합을 벌였으나

5개 팀만이 위성발사 업체와 발사계약을 완료했다. 이들 5개팀은 올해(2018) 말까지 로켓에 착륙선과 로버를 실어 달에 보내 탐사 활동을 해야 한다.

현재, 구글 '루나 X 프라이스'에는 마지막 5개 팀이 남았는데 전 세계 총 16개 팀이 참가한 가운데 5개 팀이 2017년 말 위성 발사 계약을 완료, 주최측의 본선 진출 조건을 충족했다. 많은 응모 중에서 막판까지 살아남은 5개 팀은 이스라엘 '스페이스IL', 일본 '하쿠토', 국제팀인 '시너지 문', 미국 '문 익스프레스', 인도의 '팀 인더스' 등이다. 그 가운데 방갈로르의 스타트업 기업인 팀 인더스는 100명 중 20명이 ISRO 출신의 과학자다. 인도 IT 업계의 유명인사들이 지원을 표명하고 있다. 발사에는 ISRO의 PSLV 로켓 사용을 계약하고 스스로 달착륙선과 탐사차를 개발했다.

지난 2007년 구글과 비영리조직인 X 프라이스가 실시한 달 탐사 국제경진대회 '구글 루나 X 프라이스'

인도 4차산업혁명, 세계를 움직이다

원래 끈끈한 관계를 이어오고 있는 일본과 인도의 협조와 경쟁이 관심을 끈다. 이 콘테스트에는 참여한 일본팀은 발사 로켓과 달착륙선을 가지고 있지 않기 때문에 인도의 팀 인더스가 개발한 달착륙선에 탑승시켜 달표면까지 탐사차를 수송하는 계약을 체결했다.

안타까운 사실이긴 하지만 2018년 3월 말까지 달에 탐사선을 보낼 팀이 없는 것으로 최종 확인되었다. 다섯 팀 모두 스케줄이 맞지 않는 것이 확인되어 주최측은 콘테스트를 종료했다. 당초 이 대회 종료 시점은 2014년이었다. 이후 2015년과 2016년에 이어 2017년까지 세 차례나 대회 마감 기한이 연기됐고 최종 5개 팀과 협의한 구글측은 콘테스트 추진이 어렵겠다고 결론을 내렸다.

예선에서 미국은 34개 팀, 일본과 인도도 2개 팀이 참가 신청했고 칠레, 브라질팀도 참가 신청을 하고 경쟁을 벌였다. 하지만 아쉽게도 한국팀의 도전은 찾을 수 없었다.

인도식 창의 기법, 주가드(Jugaad)

인도에 오래 거주하다보면 살펴봐야 할 것이 있는데, 바로 인도인 저변에 깔린 주가드(Jugaad) 정신이다. 인도인 특유의 사고방식인 주가드 정신도 이노베이션이 일어나는 것과 관계가 있다.

주가드란 힌디어로 예상치 못한 위기 상황을 극복하기 위한 독창

자동차가 오토바이 한 대 가격? 자국민을 위한 저렴한 이동수단 내놓겠다는 노력으로 탄생한 티타 나노 자동차

적인 아이디어나 능력을 뜻한다. 즉 '위기 상황을 기회로 바꾸고, 절대 포기하지 않는다'는 의미도 있다.

하지만 그 사고방식의 폐해도 크다. 인도인은 어떤 지시가 내려져도, 심지어 자신이 없어도 "Yes, I can"이라고 답하거나, "No problem"이라고 쉽게 말해버리곤 한다. 이로 인해 외국인에게는 '인도인은 기짓말을 잘해 믿을 수 없다'는 인식이 만들어졌다.

인도의 중앙은행인 RBI(Reserve Bank of India: 인도준비은행)의 총재가 주가드 정신을 부끄럽게 여겨야 한다고 말한 적도 있고 최근 안티 주가드를 기치로 서비스를 제공하는 기업도 많이 등장했다. 그러나 나는 이 주가드 정신이 인도의 이노베이션에 도움이 되었다고 확신한다.

2009년 등장한 타타 나노는 인도에서 등장한 세계에서 가장 싼 자동차로 원가절감의 극치를 보여주는 사례다. 에어백도 없고 트렁크 도어도 열리지 않는다. 제로백(시속 100km에 도달하는 시간)은 약 27초, 최고속도는 시속 105km다. 하지만 나노가 대단한 건 성능 때문이 아니다. 차량 가격을 낮추기 위한 원가 절감 설계의 극치를 보여주는 모델이기 때문이다. 이와 같은 원가 절감에는 자국민을 위한 '저렴한 이동수단'을 내놓고 싶었던 한 기업가의 노력이 들어 있다. 비를 맞으며 오토바이를 타고 가는 가족을 보고 오토바이 정도의 가격으로 비를 피할 수 있는 안전한 자동차를 만들어야겠다는 의지가 10만 루피(당시 가치 250만 원)짜리 자동차로 탄생한 것이다.

주가드 정신을 요약하자면 '어려워도 포기하지 않고 역경 속에서 기회를 찾는다' '적은 비용으로 더 많은 일을 한다' '유연하게 생각하고 행동한다' '복잡한 것을 단순화시킨다' '주변에 활용 가능한 것을 찾아 활용한다' '자신의 마음과 열정에 따라 행동한다'는 여섯 개 문장으로 요약할 수 있다.

2012년 5월 「파이낸셜 타임스(Financial Times)」는 이 개념을 "More with less(적은 비용으로 더 많은 것을)"과 "increasingly fashionable(점점 세련되게)"로 설명했다. 이에 싱가포르 대학, 미국 산타클라라 대학, 스탠퍼드 대학 등 많은 대학이 주가드를 주제로 2학기짜리 강의도 개설해 운영하고 있다.

소프트웨어 개발 분야에서도 주가드를 활용한 사례들을 찾아볼 수 있다. 소프트웨어 개발 방식에는, 폭포(waterfall)형 개발과 날렵한(Agile) 형 개발 방법이 있다. 폭포형 개발은 확실하게 계획을 세우고,

인도 주가드 혁신이 만든 오토바이 트렉터

목표를 설정하고, 착실히 확인해가면서 개발을 진전시키는 방법이다.

　반면, 날렵한 방식의 개발은, 여러 가지 조건이 변하는 것을 전제로, 일단 개발을 시작하고 중간에 문제에 맞닥뜨리더라도 굴하지 않고 재검토를 해가면서 개발하는 방법이다. 계획 단계에서는 알 수 없는 것들을 개발하면서 깨닫는 것도 많다. 거기에 유연한 대응을 하는 방법이다. 세계적으로도 많은 네트워크 서비스 개발이나, 스타트업 기업에서는 날렵한 형 개발이 현재 각광받고 있다.

　환경변화나 기술변화가 잦은 시대에 맞게 인도 IT 업계에서도 이 방법을 주로 채택해 활용하고 있다. 주가드 정신을 가진 인도인에게는 날렵한 형 개발은 받아들이기 쉬운 사고방식이자 수단인 것이다. 계획·과정을 중시하는 선진국 문화와는 다른, 실행·결과를 중시하는 인도 문화라고 할 수 있다.

미국에 슈퍼맨, 배트맨이 있다면
인도에는 패드맨이 있다

사회적 금기와 오명을 깨고 혁명적인 발명을 통해 인도와 전 세계 가난한 나라의 여성들의 삶을 바꿔준 한 인도인이 있다. 그는 TED 강연에서 다음과 같이 어눌하지만 확실한 메시지를 세상에 던졌다.

"Big Man, Strong Man, Not making country strong(위대한 남자, 강한 남자가 세상을 강하게 만들지 못한다)."

"Mother Strong, Sister Strong then country strong(어머니와 자매들이 강하면 나라가 강해진다)."

"I don't study in IIT, but IIT study me(나는 인도 최고의 공과대학 IIT에서 공부하지 않았다. 하지만 그들이 나에게 배우고 있다)."

지난 2018년 2월 개봉한 인도 영화 <패드맨(Pad Man)>은 값싸고 질 좋은 생리대를 개발하기 위해서 열정을 쏟아부은 한 남자의 이야기를 담고 있다. 이 영화의 실제 모델인 아루나찰람 무르가남탄(Arunachalam Muruganantham, 55세)은 인도 남부 타밀나두 주 출신의 가난한 기계공이다.

주인공은 신혼 시절 아내가 더러운 천조각을 생리대로 쓰는 것을 우연히 보게 된다. 그의 표현대로 '내 차를 닦는 데도 쓰지 않을 천'이었다. '생리대를 사면 가족이 우유를 마실 수 없다'는 아내의 이야기는 그를 충격에 빠지게 했다. 사랑하는 아내에게 생리대를 선물하기 위해 찾은 약국에서 그는 또 한 번 절망하게 된다. 생리대 가격이 원재료 값의 무려 40배에 달한다는 것이다.

이때부터 아내를 위해 값싼 생리대를 만들기 위한 헌신적 노력이 시작된다. 외국의 생리대를 분석하고 직접 만든 생리대를 착용하고 염소 피를 넣은 돼지 방광을 허리에 묶어 자전거를 타거나 뛰면서 흡수율을 측정했다. 생리를 부끄러운 일로 여기는 인도 사람들은 그를 향해 손가락질했고 마을에서도 따돌림을 당한다. 심지어 그의 연구를 도왔던 아내마저 그를 떠나게 된다.

이런 어려움 속에 그는 결국 2루피(약 33원)에 불과한 순면 생리대를 만들게 된다. 겨우 7만 5,000루피(약 123만 원)의 가격으로 생리대를 만들 수 있는 기계 또한 발명한다. 하지만 그는 이 기술을 가지고 돈을 버는 대신 전 세계에 기계 설계도를 무료로 공개했고 시골에 생리대 공장을 세워 가난한 농촌 여성들에게 직업을 제공했다.

이런 노력의 결과 그는 인도 최고 권위 시민상인 파드마 슈리상을 받았고 「타임스」는 그를 영향력 있는 100인에 선정하기도 했다.

인도 정부 발표에 따르면 인도 여성 70%가 이 같은 비위생적 생리환경 탓에 심각한 감염 위험에 놓여 있다. 그는 이런 여성들의 고통과 눈물을 목격하고 해결하려는 노력을 기울였던 사람이다. 그는 비즈니스맨이 아닌 사회사업가로 불린다. 자신의 이익을 위해서가 아니라 가난한 여성들의 위생문제를 해결하기 위해 사업을 하기 때문이다.

한국소비자원에 따르면 국내 생리대 개당 평균 가격은 331원, 미국이나 일본 181원, 프랑스 218원 등으로 선진국보다 오히려 약 두 배 가량 비싸다. 특히 소비자들의 수요가 높은 제품은 오버나이트 생리대. 현재 오버나이트 일부 제품의 패드당 가격은 900~1,000원 대를 웃돈다. 수년 전 '깔창 생리대' 문제로 전국에 기부 열풍이 일어났고 정부에서도 세금으로 저소득층을 위한 생리대 지원 사업에 예산을 투입하고 있다.

그런데 첨단 기술이 들어가 있는 것도 아닌데 정작 외국보다 비싼 생리대 가격에 대해 공분하면서 정작 저렴한 생리대 공급을 위한 근본적인 노력은 더디기만 하다. 오히려 발암 생리대, 독성 생리대임이 분명한데도 더 비싼 생리대를 찾게 되는 역설적 상황이 발생하기도 한다.

무르가난탐이 처음 생리대를 개발했을 당시에는 단 2%의 인도 여성만이 생리대를 사용했다. 나머지 여성들은 신문, 넝마, 침대 시트는 물론 톱밥이나 나뭇잎을 사용하는 경우도 흔했다. 인도는 현재 20%의 여성들이 생리대를 사용하고 있다.

이를 두고 영국 BBC는 '미국에 슈퍼맨과 배트맨이 있다면 인도에는 패드맨이 있다'고 언급했다. 한 무명의 인도 사회개혁가가 이룬 혁신적 발명의 성과는 아시아와 아프리카 가난한 여인들의 위생 개선과 일자리 제공에 큰 이바지를 한 것이다.

전기가 들어오지 않는 인도 오지마을에서 시원한 물 한 잔을 먹을 수 있는 방법이 뭘까? 미티쿨(Mitticool)이라는 점토로 만들어진 85달러짜리 냉

사진: 메리우드 갤러리

슈퍼맨, 배트맨 못지않은 인도의 패드맨. 인도 여성의 고통과 눈물을 닦아주는 사회사업가 마루나찰람 무르가남탄의 이야기를 다룬 영화 <패드맨> 포스터

장고만 있으면 된다. 전기 없이 쓸 수 있는 획기적 발명품으로 독일 지멘스나 보슈, 영국 케임브리지 대학교 등에서도 큰 관심을 보이고 있다.

인도인 최초로 마스터 카드 회장 자리에 오른 아제이 방가(Ajay Banga)도 사회 초년병 시절 인도 네슬레에서 지역 초콜릿 판매 담당 매니저로 일했다. 하지만 초콜릿이 인도의 살인적 더위에 이동 중 녹아버리는 문제로 회사는 골머리를 앓고 있었다. 그러던 차에 그는 배터리로 작동하는 카트 냉장고 아이디어로 녹는 초콜릿 문제를 해결해 어마어마한 판매 실적을 만들어냈다. 대학에서 경제학을 전공했지만 주변에서 쉽게 구할 수 있는 도구만으로 혁신적 아이디어를 만들어낸 것이다.

인도에서는 한정된 자원을 가지고 독특한 창의력을 내는 것을 '주가드' 라고 한다. 주가드는 값비싼 공장 기반 용접이 아닌 화학 접착제를 사용하여 조립되도록 설계된 초저가차 나노(Nano) 자동차가 나올 수 있게 만든 인도식 디자인 싱킹이다.

최근 우리 정부는 창업에 정부 역량을 집중하고 있다. 청년들이 다양한 아이디어를 만들어 창업하도록 자금 등 다양한 지원책을 내놓고 있다. 하지만 아무리 좋은 아이디어와 기술이 있더라도 자신이 감당하기 힘든 자원이 소요된다면 그 제품은 시장에서 빛을 발하기 어려울 것이다.

활용할 수 있는 자원이 한정된 기업이 적은 비용으로 더 많은 가치를 창출하는 데 인도식 창의 기법 '주가드'가 어떨까?

세상을 바꾸는 방법에는 첨단 과학기술만 있는 것이 아니다. 우리 생활 주변 어려움을 개선하고자 하는 관심과 노력이, 역설적이지만 세상을 바꾸는 근본적인 기술이다.

세계 최대, 최다, 최고, 최저 비용 기록을 보유한 인도의 심장 수술

상품은 아니지만 방갈로르에 본원을 둔 나라야나 헬스 병원에는 인도 국내뿐만 아니라 세계 각국에서 환자가 모여든다.

그 이유는 상상 이상의 저렴한 가격으로 심장수술을 받을 수 있기 때문이다. 일반적으로 미국에서 심장수술을 받을 경우 2만에서 10만 달러 정도가 들지만 나라야나 헬스 병원은 무려 2,000달러 정도면 수술이 가능하다. 미국에 비해 10분의 1 이하 가격이다.

'비용이 싼 만큼 실패할 확률이 높은 건 아닐까?'라고 생각할 수도 있지만 수술 성공률은 미국 최고 수준 병원과 비교해도 손색이 없을 정도다.

어떤 미국의 유명한 심장 외과의사는 자신이 심장수술을 받게 되면 '인도에 가서 심장 수술을 받을 것'이라고 말했다고 한다. 미국의 10분의 1 정도의 저렴한 비용으로 수술이 가능한 이유는 단순히 인도의 인건비가 낮기 때문만이 아니다. 나라야나 헬스 병원의 비상식적인(?) 경영개혁에 따른 것이다.

이 병원의 창업자이자 원장인 데비 셰티 박사는 영국에서 심장 외과의 경험을 쌓은 세계적으로 명성이 높은 전문의로 지금까지 1만 1,000건의 수술과 다수의 임상실험 경험을 지니고 있다. 인도 귀국 후, 마더 테레사의 주치의를 담당한 것으로도 잘 알려져 있다.

2000년에는 방갈로르의 IT 기업이 몰려 있는 일렉트로닉 시티의

근교에 나라야나 헬스 병원을 개원했다. 셰티 박사는 일찍부터 고액의 심장수술 비용이 문제라고 생각했다. 원래 인도에서 심장수술을 해도 미국과 같이 2만에서 10만 달러 정도의 비용이 들었다. 이것은 1인당 GDP가 미국의 30분의 1인 인도 서민이 부담할 수 있는 비용이 아니기 때문에 수술을 못 받고 사망하는 환자가 적지 않았다. 거기서 셰티 박사는 수술의 퀄리티를 유지하고 비용을 내리는 수단을 고안하여 차례차례 실행에 옮겼다. 그 결과, 수술 비용을 3,000달러까지 줄일 수 있었다. 2020년까지 800달러 수준까지 수술비를 내리는 것을 목표로 하고 있다.

덧붙여 이 병원에서는 돈이 없어서 필요한 수술을 받지 못한 환자를 그 상태로 돌려 보내는 일은 없다고 한다. 환자가 낼 수 있는 만큼의 돈을 받아 수술을 하고 나머지 비용은 자선단체의 협력 등으로 꾸려나가는 것이다. 실로 놀라움을 감출 수 없는 시스템을 갖춘 병원이다.

이 병원 그룹의 전체 심장수술 건수는 2015년에는 1일 40건, 연간 약 1만 5,000건에 달하는데, 이는 인도 국내 심장수술의 약 12%에 해당한다. 이러한 수술 규모는 제조업에서 말하는 '규모의 경제'를 달성했기 때문에 가능했다. 예를 들어 같은 크기의 공장을 세워 상품을 하루에 100개 생산하는 것과 1,000개를 생산하는 것을 비교하면 한 개당 생산 원가는 후자가 훨씬 낮다. 이러한 관점의 사고를 가지고 의료 서비스를 행하는 것이 나라야나 헬스 병원이다.

나라야나 헬스 병원에서는 의사 당 담당하는 질환이 정해져 있어 해당 질환 환자가 오면 담당의사가 수술을 하게 되어 있다. 따라서 담당의사는 집도 기회를 많이 갖게 돼 수술의 정밀도나 기술이 점점 높아진다. 결과적으로 성공률이 높고 시간이 적게 들어 수술 건당 비용은 크게 낮아지게 된다.

또 이 병원은 한 의사가 집도부터 수술 후의 관리까지 담당하는 것이 아니다. 의사별로 역할이 나뉘어 있다. 이는 인도 특유의 분업 시스템을 고도화한 방식으로 매우 효용성이 높다.

특이한 점은 나라야나 헬스 병원의 수술 건수 반 이상이 아동 수술이라는 것이다. 어른과 비교해 작은 심장을 수술하는 것은 난이도가 굉장히 높다. 이 때문에 의사의 기술은 더 높아지게 된다.

방갈로르의 한 지역 유지로부터 나라야나 헬스 병원에 대한 지원 요청을 받고 직접 방문할 기회가 있었다. 가난한 사람들을 위한 병원인 줄만 알고 갔는데 의료기 하나하나가 독일 등 해외에서 들여온 고가 장비였고, 의료진 수준도 상당히 높아 많이 놀랐다.

환자 수가 많을수록 고가의 의료기구를 풀 가동할 수 있으며 의료 용품도 대량으로 구입해 원가를 낮출 수 있다. 즉 고정비나 변동비를 줄이는 것이 가능하다. 의사 급여도 수술 건수로 정하는 방식이 아닌 고정급으로 해 비용을 절감시켰다.

이 병원을 방문했을 때 눈여겨봤던 것은 IT 기술에 대한 활용이었다. 클라우드 기반의 ERP(Enterprise Resources Planning: 기업 자원기획) 시스템을 적용해 매일 정오 의사와 병원 관계자가 전날의 매출과 비용 등 경영 관련 사항을 휴대폰 문자 메시지를 통해 받게 돼, 경영 마

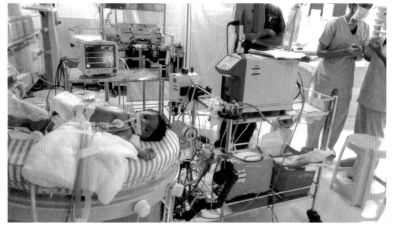

심장 수술비가 미국의 10분의 1. 이를 가능하게 한 인도 나라야나 헬스 병원 IT 기술. 한 어린이가 치료를 받고 있는 모습

인드가 자연스럽게 스며들게 하고 있다. 또 최근에는 클라우드 기반 HIM(Health Information Management) 시스템을 도입하여 환자의 데이터를 기록·관리해 실시간 접속과 확인이 가능하다.

병원 시스템이나 프로세스는 IT 기술을 활용하여 표준화·메뉴얼화했다. 이로써 품질은 낮추지 않으면서도 저렴한 비용 실현이 가능해졌다.

인도에서는 심장병원이 없는 100만 미만 중소 도시가 100군데나 있어 이 병원에서는 점진적으로 그러한 도시에 진출할 예정이라고 한다. 이 병원은 인도뿐만 아니라 말레이시아·방글라데시, 심지어 2014년에는 미국의 비영리의료단체와 함께 카리브해에 있는 케이맨 제도에 병원을 열었다. 그동안 이 지역의 환자들은 수술을 위해 미국에 가야만 했다. 마이애미에서 비행기로 한 시간 떨어진 거리이기 때

인도 4차산업혁명, 세계를 움직이다

문에 최근에는 미국에서 오는 환자도 많다.

압도적인 수술 실적에 의한 경험치, 방대한 의료 데이터, 비용 절감 경험, 그리고 계속 증가하는 환자뿐만 아니라 최신 AI 등의 IT 기술을 활용할 수 있는 환경까지 인도에서 제약은 이렇게 기회와 경쟁력으로 나타나고 있다.

이 병원뿐만 아니라, 인도에는 아주 유명한 안과 병원이 있다. 바로 아라빈드 안과 병원(Aravind Eye Hospital)이다. 재미있는 사실은 아라빈드 안과 병원 환자 4명 중 3명은 진료비를 내지 않고 백내장 수술을 받는다는 사실이다. 병원에서는 진료비가 없는 환자는 무료로 수술을 해준다.

하지만 병원은 적자를 내지 않고 오히려 인도를 대표하는 병원으로 성장했다. 어떻게 이런 일이 가능했던 것일까? 병원에 감동한 환자들이 더 많은 진료비를 냈기 때문이다. 아라빈드 안과 병원은 전체 환자의 25%가 기본 진료비의 두 배 이상 낸다. 병원의 가치에 감동한 환자와 기부자가 상당한 금액의 기부금을 내는 일이 많다.

인도 안과 의사 고빈다파 벤카타스와미(Govindappa Venkataswamy)는 인도에 실명 환자가 너무 많고, 실명 원인의 70~80%가 백내장이라는 것을 발견했다. 그는 1976년 타밀나두 주에 아라빈드 안과병원을 설립한 다음 인도에서 해결할 수 있는 안과 질환을 모두 해결하는 것을 목표로 삼았다. 주민들에게 15분 정도 걸리는 간단한 백내장수술을 받으면 곧바로 시력을 회복한다는 사실을 알리는 데에 주력했다. 또한 돈이 없는 환자는 진료비를 내지 않아도 된다고 했다. 이러

진료비가 없는 환자는 무료로 수술해주는 아라빈드 안과. 어느덧 인도를 대표하는 병원으로 성장했다. 병원 앞에서 자신의 순서를 기다리며 대기하고 있는 환자들

한 소문이 나자 실명 환자들이 모두 이 병원으로 몰렸다.

그 결과 하루에만 안과 수술 4,000여 건을 시행하고, 1년에 외래 환자 220만 명을 진료하는 인도의 대표 안과병원으로 성장했다. 이 병원은 환자 수를 늘리면서 비용을 절감해 40%의 영업이익률을 올렸고, 인도 내 일곱 개 체인을 두게 됐다. 또 비용 절감을 위해 자체 렌즈 제조 시설(Auro Lab)에서는 단돈 2달러에 렌즈를 생산해 공급하고 있고 눈 은행(Eye Bank)을 설립해 운영하고 있다.

열악한 의료 환경에서 빛을 발하는
첨단 AI 기술

/

최근 인도에는 AI를 활용한 신규 스타트업들도 늘어나고 있는데, 인도의 열악한 의료 환경이 스타트업들에겐 기회가 되고 있다.

인도 뭄바이 의료기술 신생 스타트업 큐어아이(Cure.ai)는 인공지능 기술을 활용한 MRI 판독으로 주목을 끌고 있다. 2018년 창업한 큐어아이(Cure.ai)는 엑스레이, MRI와 CT를 인공지능 기술로 판독해 결핵과 뇌졸중 또는 이러한 진단 기술로 추적 가능한 여러 질병을 앓고 있는 환자를 신속하고 정확하게 식별할 수 있는 기술을 개발했다. 인공지능 기술은 흉부 엑스레이, MRI와 CT 등과 같은 의료 이미징의 이상을 감지하는 학습 알고리즘이 적용된 것이 특징이다. 특히 결핵 진단에서 탁월한 우수성을 보여주고 있다.

큐어아이 공동 창업자 프라샨트 와리어는 인공 신경 네트워크를 활용해 다양한 환자 사례를 학습을 통해 익히는 알고리즘이 사용된 시스템을 개발했다. 이는 방사선 의사를 양성하는 것과 유사한 방식이다. 그는 인공지능이 150만 개의 엑스레이 사진을 활용해 정상과 비정상적인 사진을 학습할 수 있도록 훈련시켜 딥 러닝과 같은 기술을 통해 여러 질병을 자동으로 식별할 수 있도록 만들었다. 마하슈트라 주 공중 보건 센터에서 조만간 이 시스템을 도입할 예정이다.

최근 인도에서는 소득 증가에 따라 건강에 대한 사회적 관심이 높아지고 있는 추세인데, 이는 건강 검진 센터 증가로 이어지고 있다.

건강 검진을 받는 사람들의 증가로 인해 판독이 필요한 영상자료도 급격히 증가하고 있는 상황이다.

이러한 상황에서 큐어아이가 개발한 새로운 기술은 결핵 검진을 좀 더 빠르고 효율적이고 경제적으로 할 수 있도록 하고 있다. 뿐만 아니라 비결핵 환자 다수가 결핵 박테리아와 결핵 내성을 확인하기 위해 실시되는 5만 원 상당의 결핵 DNA 검사를 추가적으로 실시하지 않도록 할 수 있다.

인도의 방사선과 전문의는 인구 100만 명당 2명으로 심각한 부족 현상을 보이고 있다. 따라서 정확한 영상 진단을 위해 방사선과 전문의 양성을 비롯해 뭔가 새로운 시도가 필요해졌다. 최근 의료용 이미징 분야는 양이 늘고 복잡해져 의사의 작업량이 늘고 있는 추세다.

큐어아이의 기술이 기존 다른 어떤 기술보다 차별점을 가지는 것은 적외선 열지도를 통해 엑스레이나 CT로 확인된, 문제가 있는 부위를 명확하게 강조할 수 있기 때문이다. 또한 AI 시스템은 사진판독 오류를 줄이고 원격지에서 질병을 빠르고 쉽게 찾아낼 수 있으며 뇌출혈이나 혈전으로 고통받는 환자의 엑스레이나 CT를 판독하는 속도도 향상시키고 있다.

현재 인도는 결핵 발생률이 세계에서 가장 높으며 전 세계 1,000만 명으로 추산되는 결핵 환자의 27%가 인도에 거주하고 있다. 이렇듯 인도의 열악한 환경은 'Never to Die'(어렵지만 포기하지 않는다)는 인도 특유의 정신으로 승화하고 있는 것이다.

12억 명이 등록한 생체인식 주민등록 아다하르, 핀테크의 기초가 되다

인도 정부가 야심차게 시작한 아다하르(Aadhaar, 힌디어 의미는 기초), 프로젝트는 인도에 살고 있는 13억 인도인 개개인에게 12자릿수의 ID 번호를 부여하는 프로젝트다. 원래 인도는 주민등록번호나 사회보장 번호 등 개인 식별 번호가 없었다. 여권이나 PAN 카드(납세자 카드) 또는 운전면허증 정도가 신분을 증명할 수 있는 수단이었다. 따라서 4억 명 정도로 알려진 빈곤층은 신분 확인이 제대로 되지 않아 생활보호 등 정부의 서비스를 받을 수 없었다. 그뿐만 아니라 기초적인 경제 활동인 은행 계좌 개설도 하지 못했다. 이에 인도 정부는 이 ID 번호를 보급하는 것으로 문제를 해결하고, 여러 가지 서비스를 받을 수 있게 했다.

2009년 2월 인도 정부는 이 프로젝트 실행 기관인 UIDAI를 설립했다. 초대 기관장은 인포시스 테크놀로지의 공동창업자인 난단 니레카니가 임명되었다. R&D 센터가 우선 방갈로르에 설치되었고 데이터 센터도 연이어 설치되었다. 이 프로젝트는 인도 국민회의(INC) 정권에서 시작됐다. 2014년에 모디 수상의 인도인민당(BJP)이 정권을 쟁취한 이후, 전문가들은 BJP가 아다하르를 폐지할 것이라 예상했으나 그대로 추진되었다.

인도의 장래를 위해서라면, 다른 당이 낸 의견이라도 받아들이는 모디 수상의 결정이었다. 이와 유사한 결정 하나가 현재 인도를 바꾸는 혁명적 조세제도 GST(상품용역세)의 도입이다.

아다하르는 한국의 주민등록번호 13자리 숫자와 비슷하지만 다른 점이 있다. 이것은 세계 최첨단의 테크놀로지를 이용한다는 점이다. 즉 한국은 지문 정도만을 정보에 넣는데 인도는 열 손가락의 지문과 홍채 정보를 정부에 제공한다. 그리고 은행이나 관공서에서 ID 인증이 필요할 때는, 12자리 번호와 함께 창구에서 지문인식 기계에 손가락을 올리는 것만으로 본인 확인이 가능하다. 지문과 홍채 두 개의 수단을 준비한 것은 팔이 없거나 실명한 사람들을 위한 배려이기도 하다. 개인정보에 관해서는 얼굴 사진·이름·주소·성별·생년월일·옵션으로 휴대전화 번호·전자메일 주소 등을 등록한다. 정부가 운영하는 아다하르 시스템은 네트워크를 통하여 ID 번호와 지문 정보를 전달받아, 그것에 대한 YES 혹은 NO를 대답하는 것만으로 개인증명을 하는 데만 사용할 수 있다.

가입은 강제가 아니다. 본인의 의사에 의해 임의로 행해지며 인도 각지에 등록 센터가 세워졌다. 특히 빈곤층이 많은 지역부터 등록이 시작됐다. 당초에는 잘 모르고 등록한 사람이 많다는 말도 많았지만, 등록하지 않았을 때 발생하는 각종 불이익으로 인해 등록자는 급증하고 있다. 최근에는 외국인 거주자의 등록률도 높아지고 있다. 아다하르 등록인구는 2017년 말 드디어 12억 명을 돌파했다. 18세 이상을 대상으로 등록 개시부터 7년 반 만에 12억 명이 돌파한 것은 인도 최고의 인기 SNS 페이스북의 가입 속도보다 빠른 것이다. 12억 명 돌파 이후 세무신고등을 위해서 ID 번호 취득이 의무화되었다.

아다하르 시스템의 특징은 특정인의 지문 또는 홍채 데이터와 12자리로 부여받은 숫자를 12억 개 이상의 데이터 안에서 검색해 그것이 맞는지 혹은 틀린 것인지를 순식간(0.2초)에 알아내는 것이다. 이와 같은 규모의 시스템은 전 세계적으로 사례가 없다.

시스템에는 대규모 데이터를 분산 처리하는 프레임 워크나 데이터베이스 MySQL 등 오픈 소스가 활용되어 비용 절감과 특정 기업의 소프트웨어에 종속되지 않게 만드는 요령도 보이고 있다. 이 때문에 보안 문제가 항상 제기되곤 하는데 인도 정부는 보안 관리에 대해서도 자신하고 있다.

인도 정부는 2015년 5월 디지털 인디아(DIGITAL INDIA) 정책 일환으로 오픈 API(OPEN API) 정책을 발표했다. 오픈 API란 공공기관 같은 곳에서 자신들이 가지고 있는 정보를 일정한 형식으로 일반인, 기관

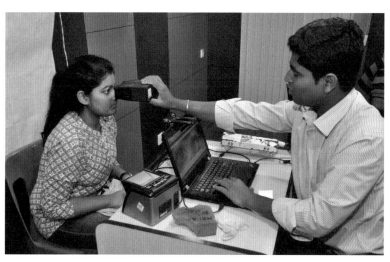

아다하르카드를 만들기 위해 홍채 정보를 스캔하고 있다

간의 정보 공유를 통해 그 정보를 사용하거나, 프로그램 만들 때 이용하는 것을 말한다.

공공정보 공개는 혁신을 가속화하고 있다. 아다하르 시스템도 API가 공개되어, SDK(소프트웨어 개발 키트)가 제공되고 있다. 2015년 6월에는 48시간 아다하르 해커톤(팀을 이뤄 마라톤을 하듯 긴 시간 동안 시제품 단계의 결과물을 완성하는 대회)이 개최되어 5,000여 명이 참가했다. 이 대회에서 각종 정부 서비스·금융 서비스·결제 서비스·헬스케어 서비스 등의 응용 프로그램 개발이 이뤄졌다.

인도의 핀테크가 만드는
현금 없는 사회

인도는 지금까지 소프트웨어 서비스 산업이 중심이었지만, 커다란 변화 움직임이 일고 있다.

2016년 11월 8일, 갑작스럽게 모디 총리는 돌연 고액 지폐의 폐지를 발표하고, 바로 네 시간 후부터 시행에 들어갔다. 인도의 고액 지폐 중에 지금까지 사용하고 있던 500루피와 1,000루피의 사용금지 선언을 한 것이다. 소지하고 있는 사람은 12월 30일까지 은행에 가서 입금을 해야 하며 그 후 새로이 출금을 하면 신지폐 500루피, 1,000루피를 받을 수 있다.

그 결과, 대혼란이 일어났다. 실제 새로운 지폐의 양이 적었기 때문에 현금으로 고액 쇼핑이 안 돼 경제적으로도 큰 영향을 미쳤다. 이러한 급진적 정책을 실현시킨 배경에는 위조지폐 대책, 블랙 머니 근절, 현금 없는 사회의 실현 등을 노린 것이다.

결국 최종 목표는 빈부의 차를 줄이는 것이다.

인도는 현금사회다. 90% 이상의 거래가 현금으로 이뤄진다. 아다하르 도입으로 은행 계좌는 급증하고 있으나, 크레디트 카드의 보급률은 5% 이하로 매우 낮다.

최근 e-커머스 시장의 급성장에 맞춰 페이티엠(PayTm)이나 모비퀵(Mobikwik) 등 모바일 결제가 급속히 보급되고 있다. 이것들은 스마트폰 혹은 앱에 입금을 하는 것으로 e-커머스나 공공요금, 휴대전화 사용료 결제가 가능하고 음식점에서도 사용할 수 있다.

은행 계좌가 없어도 제휴점에서 입금이 가능하며, GPS와 연동되는 앱 사용으로 GPS 정보를 이용하여 현재 위치가 파악되어 입금을 위해 사람이 직접 오는 경우도 있다.

모비퀵은 2009년, 페이티엠은 2010년에 생겨난 스타트업이다. 최근에는 많은 소매점에서도 페이티엠의 QR 코드를 사용하고 있다. 최근 페이티엠의 사업은 무서울 정도로 급성장했다.

인도 은행은 각각 전자 결재용 스마트폰 앱을 제공하고 있으나, NCPI(인도결제회사: National Payments Corporation of India)가 공개하고 있는 UPI(모바일 송금을 위한 디지털 서비스)에 대응을 시작으로 은행 간 송금이 지극히 간편해졌다. 2016년 12월 29일, 인도 정부에서는 스마트폰 앱 BHIM(Bharat Interface for Money)을 발표했다. 스마트폰이 있으면 아다

노점상에서도 전자지갑 결제를 통해 물건을 구매할 수 있다.

하르 번호만으로 송금, 현금의 수취·지불까지 가능해졌다.

아다하르 번호 이외에도 전화번호, VPA로도 가능하다. 혹시 지불하는 가게에 스마트폰과 접속된 생체인증장치가 있다면, 지문인식 만으로 스마트폰이 없어도 결제가 가능하다. 벌써 시중의 태블릿 중에 생체인증기능이 결합된 상품도 등장하고 있다.

모바일 결제, 은행 스마트폰 앱, 정부 스마트폰 앱 BHIM의 등장으로, 인도는 단숨에 현금 없는 사회를 향하고 있다. 선진국에서도 이런 사례를 본 적이 없다. 앞으로는 현금, 플라스틱 카드, ATM, POS 단말기가 필요 없을 듯하다. 오직 스마트폰 하나로, 더 진화하면 스마트폰도 없이 손가락 하나로 뭐든지 가능한 세상이 올 수도 있다. 놀라운 핀테크 혁명이 시작되고 있다.

혁명적 혁신의 토대,
풍부한 우수 인재들

/

흔히 인도를 한국 사람들은 하나의 큰 나라로 여기고 있으나, 실제로 현지에 가보면 인도의 다양성에 놀라움을 감추지 못한다. 언어는 22개가 사용되고 음식 또한 매우 다양하다는 것을 예로 들 수 있다. 같은 카레라 해도, 지역마다 요리는 완전 다르다. 종교도 힌두교뿐만 아니라, 이슬람교나 시크교·자이나교·크리스트교·불교 등으로 종교의 용광로다. 인종도 다양하다. 그리고 경제력 차이도 천차만별이다.

이러한 다양성이 있는 나라는 여러 가지 사고를 가진 사람들이 있기 때문에, 생각지도 못한 아이디어가 생겨나기도 한다.

그것이 이노베이션에는 무엇보다 좋은 거름이 되는 셈이다. 반대로 한국과 같이 다양성이 결여된 나라에서 이노베이션이 나오기 힘든 것은 어쩌면 당연한 일이다.

또 첨단 IT 기술을 가진 우수한 인재가 풍부한 것은 혁명적 혁신의 토대가 된다. 아무리 획기적인 아이디어라도 무언가 결과가 만들어지지 않으면, 그림의 떡일 뿐이다. 인도는 이러한 실현을 가능하게 하는 우수한 인재가 있으므로 이노베이션을 구체화할 수 있는 것이다.

인도는 신흥국의 문제를 모두 안고 있는 잠재적인 거대 시장이다. 정말 다양한 문제점을 안고 있어서 초기에 인도에 진출하려는 기업은 쉽게 인도에 대해 포기하게 된다. 하지만 반대로 이러한 복잡하고 다양한 조건에서 비즈니스를 성공시킨다면 어떤 신흥국 시장에서도 싸울 수 있을 것이다.

다시 말해, 정비되지 않은 인프라, 다수의 빈곤층과 문화, 종교 등 많은 제약 사항이 있는 다양성의 나라가 인도다. 스타트업을 지원하는 환경이나 시스템이 미국이나 영국, 이스라엘 등은 충분히 정비되어 있다. 하지만 인도는 그렇지 못하다. 그럼에도 이러한 상황에서도 다수의 스타트업들은 성공의 스토리를 써나가고 있다. 부족하지만 그 부족함을 비즈니스 기회로 삼기 좋은 곳은 인도 이외엔 존재하지 않는다.

읽을거리   '데이터 빅뱅' 인도에서 우연히 발견한 기회

세계적으로 권위 있는 「이코노미스트」나 「포춘」, 「포브스」 등 유력 매체들이 최근 자주 다루는 주제의 공통점을 살펴보면, 우리 삶과 밀접한 '물', 현대 생활의 필요 불가결한 요소인 '석유', 그리고 4차산업혁명의 주역인 '데이터'다.

이제까지 인류는 물과 석유를 차지하기 위해 무수한 전쟁을 치렀다. 하지만 최근 인류는 새로운 삶의 요소인 '데이터 헤게모니'를 틀어쥐기 위해 보이지 않는 전쟁을 치르고 있다.

최근 이런 세 요소의 역할을 아주 드라마틱하게 표현한 용어가 등장했다. '석유가 블랙골드(Black Gold)라면, 물은 블루골드(Blue Gold)다. 그리고 데이터는 새로운 석유다(Data is the New Oil)'라는 멋진 문장이다. 물과 석유, 그리고 데이터가 '패권'이 되고 '경제력'이 된다는 의미를 잘 담아낸 표현이다.

동북부와 남부 해안 지역을 제외하곤 연 1,000㎜ 미만의 강수량을 가진 건조 지역 인도는 만성적인 물 부족 국가다. 최근 급격한 산업화와 도시화로 인해 물 부족 문제는 더욱 심각한 지경이다. 덥고 비가 많이 내리는 인도라는 일반적 인식과는 달리, 인도의 물 부족은 심각한 상황이다. 절대적인 강수량 부족이지만 해결책은 요원하기만 하다.

인도는 전 세계 3위 석유 소비국이다. 급격한 경제 성장으로 인해 해마다 두 자릿수가 넘는 원유 수입 증가세를 보이고 있다. 82%의 석유는 해외로부터 건너온다.

석유와 물 문제에선 해결이 답답한 인도이지만, 비싼 데이터 가격 문제 해결은 그 반대다. 최근 들어 '주가드'라는 인도식 문제 해결 방식을 통해 데이터 가격을 획기적으로 낮췄다. 데이터 문제가 혁신적으로 개선되고 있다.

과거 데이터는 비용과 제작의 문제로 인해 책과 같이 선별·요약된 일부의 데이터만 관리되고 보관되어왔다. 하지만 클라우드 컴퓨팅 기술을 통해 거의 모든 데이터를 무제한으로 보관할 수 있게 되면서, 이제 데이터는 인공지능 등 새로운 산업을 만드는 도구로 재탄생하게 되었다.

최근 이런 혜택을 크게 누리는 회사 중 하나가 '아마존'이다. 아마존은 우리에게 전자상거래 업체로만 알려져 있지만 인도에서 아마존은 데이터 중심의 강력한 선순환 비즈니스 에코시스템을 만들어가고 있다. '아마존 클라우드 데이터 서비스'(AWS)라는 인프라 위에 알렉사(Alexa)라는 '인공지능'을 갖춰놓고 다양한 비즈니스를 펼쳐나가며 시장 지배력을 높여가고 있다. AWS에 쌓인 데이터, 인공지능 알렉사는 흩어진 데이터를 끌어모아 아마존닷컴이라는 전자상거래 플랫폼으로 강력한 쇼핑 연동 기능을 발휘해 인공지능 생태계를 더욱 활성화하고 있다.

AI와 IoT가 결합된 아마존 무인 판매점 '아마존 고(Go)'에 이어 최근엔 '아마존 프라임'을 통해 콘텐츠 유통사업에도 진출했다. 이 분야의 강자 넷플릭스마저 아마존과 사활을 건 경쟁을 벌이고 있는 상황이다. 미국에서는 이미 54%의 가정이 유료 서비스 '아마존 프라임'에 가입되어 있다.

아마존 CEO 제프 베조스는 최근 투자자들에게 보낸 이메일에서 "쇼핑몰 '아마존 인디아'와 '아마존 프라임(영상)', '아마존 프라임 뮤직'(음악) 서비스 등이 인도에서 보여준 괄목할 만한 성장에 무척 고무되어 있다"고 흥분된 어조로 큰 만족감을 표한 바 있다. 아마존 인도 앱은 2017년 아마존 글로벌 사업장 중 가장 많은 다운로드 숫자를 기록했다.

이렇게 아마존 사업 성장에 가장 큰 공헌을 한 것은 데이터 사용 확대다. 고비용과 느린 속도로 유명했던 인도의 데이터 문제는 2016년 9월 혜성처럼 시장에 등장한 통신사 '지오(Jio)'를 통해 한 방에 해결되었다.

시장 전문가들은 인도 데이터 통신 혁명의 역사를 '지오 출현 전과 후'로 나눈다. 지오 출현 전 2016년 인도 모바일 데이터 가입자당 사용량 순위는 전 세계 155위였지만, 출현 후인 2017년에는 전 세계 1위로, 1년 만에 엄청난 반전을 이뤄냈다.

2014년 인도 모바일 가입자당 월 평균 데이터 사용량은 62MB였는데 2017년은 1.6GB로 무려 25배나 증가했다. 특히 젊은 층 사용자가 많은 지오 주력 사업인 4G 서비스 사용자들의 월 평균 데이터 사용량은 10GB를 넘나들고 있다.

에어텔과 보다폰, 아이디어 등 3개 주요 통신사와 기타 7개 통신사가 각

인도 데이터 통신 혁명의 역사는 '지오 출현 전과 후'로 나뉜다. (지오 가입을 위해 줄을 서서 기다리는 고객들)

축을 벌였던 2015년만 해도 4G 통신 서비스에 7GB 데이터 요금은 우리 돈으로 3만 200원 정도였지만, 현재는 월 4,800원 정도만 내면 28GB 데이터를 무료 통화와 함께 사용할 수 있게 됐다.

이런 급격한 환경 변화는 앱 다운로드 수 증가와 콘텐츠 진공 상태 또는 콘텐츠 블랙홀을 만들어놓고 있다. 지난해 전 세계 앱 다운로드 수는 1,750억 건으로, 2016년 대비 60% 증가했다. 하지만 인도는 같은 기간 무려 215%나 증가한 580억 건이 다운로드되었다.

이 같은 현상을 '지오 혁명'이라고 한다. 높은 비용과 느린 속도로 데이터 사용에 제약을 받아왔던 인도에서 이제 그런 걸림돌이 사라진 것이다. 하지만 이런 반사 이익을 아마존 등 글로벌 기업이나 대기업만 누리고 있다는 게 문제다. 이런 기업들이 공급하는 막대한 콘텐츠는 그럼에도 아직 인도인의 콘텐츠에 대한 갈증을 채워주고 있지 못하다.

최근 인도 진출을 준비 중인 한국의 한 스타트업 대표가 이렇게 말했다. "한 직원의 실수로 구글 앱스토어 서비스 제공 국가에 인도를 포함시켰다. 한글 서비스인데도 다운로드 수가 엄청나 깜짝 놀랐다." 그러면서 그는 "이런 실수 덕분에 오히려 인도의 가능성과 기회를 알게 되었다"며 "숫자가 만들어내는 엄청난 기회를 선점하는 것이 중요하다는 생각에 두렵지만 인도 진출을 결심하게 되었다"고 말했다.

최근 인도에서 불고 있는 '지오 혁명', 우리만 뒤처져 '방관자'가 되기엔 너무 아까운 기회 아닐까?

메이크인 인디아 정책의 힘,
완성품 수입을 제조업 육성으로 바꾸다

/

최근 제조업 육성을 위한 모디 정부의 강력한 의지를 담은 메이크인 인디아(Make in India) 정책으로 인한 많은 변화를 경험하게 된다. 메이이크인 인디아는 모디 총리가 2014년 5월에 총리에 취임했을 때 발표한 그의 중요한 정책이다.

IT가 발달한 이미지를 가진 대표적인 국가로는 인도와 한국을 꼽을 수 있다. 하지만 내용 면에서는 완전히 다르다. 인도는 소프트웨어 서비스 관련 IT 산업, 한국은 하드웨어 관련 IT 산업이 중심이기 때문이다.

따라서 인도 모디 정부는 2차산업(제조업) 비중을 15%에서 2022년까지 25% 이상으로 끌어올릴 야심찬 계획을 가지고 있다. 인도는 다른 나라와 달리 1차(농업)와 3차(서비스)산업이 경제의 주요한 축이다. 하지만 점점 늘어나는 젊은 노동 인구를 농업과 서비스업만으로는 수용하는 데는 한계가 있다. 따라서 제조업 육성은 선택이 아닌 필수다.

그러한 제조업 육성 정책의 하나로, 2015년 2월에 스마트폰 완성품의 수입 관세율을 약 6%에서 12.5%로 올린 것이다. 인도 국내에서 조립한 경우의 물품세는 약 1%밖에 들지 않기 때문에 인도에서 스마트폰을 조립해야 완성품 가격을 대폭 낮출 수 있는 것이다. 그리고 인도 내 제조업 육성이라는 부가 혜택도 있다.

이 대책은 현재까지 큰 성과를 보이고 있는데, 카운터 포인트

조사(Counterpoint report)에 따르면 스마트폰의 인도 내 생산 비중은 2014년 14%에서 2016년에는 67%가 되었고, 연간 8,300만 대가 생산되었다. 덧붙여, 2017년 12월에 수입 관세율은 15%에서 20%까지 더 올라갔다.

최근 인도 제조업에 큰 임팩트를 준 사건이 있었다. 대만의 폭스콘이 인도에 생산 거점을 만든 것이다. 폭스콘은 세계 최대의 EMS(전자기기의 수탁 제조 서비스)로, 아이폰이나 플레이스테이션, WII 등의 조립을 이 회사에서 하는 것은 잘 알려져 있다. 얼마 전, 일본 전자산업의 간판 샤프를 인수한 회사로도 유명하다. 이 폭스콘 궈타이밍 회장은 2020년까지 인도에 10~12개의 공장을 건설하고, 100만 명을 고용한다고 발표했다. 현재, 최대 생산 거점이 있는 중국에서 고용한 인원이 120만 명이라 이에 필적할 정도의 거점을 인도에 두는 셈이다. 2016년에는 벌써 남부 안드라프라데시 주에서 스마트폰 생산을 개시해, 월 생산 100만 대를 훌쩍 넘기고 있다.

중국 샤오미도 상당히 적극적이다. CNN은 중국의 IT 거인 샤오미가 제조기지 설립을 통해 인도 스마트폰 시장 지배력을 강화하고 있다고 평가했다.

샤오미는 제조 자체를 인도에서 하기 위해 터치 패널, 카메라 모듈, LCD & LED 패널 공급업체 50여 곳을 유치할 계획이다. 이를 위해 샤오미는 이들 제조사들을 위해 공장 유치 예정 지역인 우다 프라데시 주와 안드라 프라데시 주를 방문하는 부품사에 투자 여행 기회를 제공했다. 샤오미의 계획대로 부품 공급사들이 인도에 투자하게 되면 약 2조 6,700억 원 규모의 투자와 함께 일자리 5만 개가 창출될 것으로 예상된다.

샤오미는 선제적 투자를 먼저 실시할 예정인데, 그 첫 번째 공장이 타밀나두 주에 건립될 PCB 조립 공장이다. PCB 기판 공장을 먼저 설립하는 배경에는 휴대폰에서 50%가 넘는 부가가치는 PCB 기판에서 나오기 때문이다. 또한 인도 정부가 2018년 초 해외에서 수입하는 PCB 기판과 카메라 모듈 부품에 부과하기 시작한 10%의 수입 관세도 샤오미의 결정을 앞당기는 계기가 되었다.

그동안 인도에서는 삼성전자가 유일한 인도 내 PCB 기판 생산업체였으나 샤오미 공장이 완공되면 삼성의 PCB 생산 독주 시대도 막을 내리게 된다.

폭스콘과 샤오미가 인도에 성공적으로 진출하면 글로벌 제조업에 던지는 충격은 이루 말할 수 없을 것이다. 전력 등의 인프라가 뒤처져 있지만 폭스콘이나 샤오미 등이 성공한다면 중국을 뛰어넘는 세계의 공장이 될 잠재력을 지녔다고 증명할 수 있기 때문이다. 그렇게 되면, 기존 IT 산업과 연계하는 것은 필수이다. 독일 정부가 추진하는 제조업 혁신 프로젝트 인더스트리 4.0의 주 무대도 인도가 될 수 있을 것이다.

국가 정책보다 더 강력한 가족 기업이 만든
인도 통신혁명, 릴라이언스 지오

인도 내에서 '지오'는 인도 최고 기업 릴라이언스 산업의 무케시 암바니 회장이 그간 진행해왔던 사업 정체성과 맞지 않는다는 지적이 많았다. 하지만 암바니 회장은 단시간에 시장의 우려를 불식시키고 통신시장의 혁명을 이끌어왔다.

'지오' 홈페이지에 들어가면 인도에서 통신시장은 '지오'가 나오기 전과 '지오'가 나온 후로 나뉜다는 홍보문구가 있다. '지오'가 나오기 전에는 1인당 데이터 사용량이 전 세계 155위였으나 '지오'가 나오고 난 이후엔 세계 1위로 올라섰다는 사실을 자랑스럽게 올려놨다.

2011년도 초, 암바니 회장의 딸 '이샤'가 암바니 회장에게 인터넷에 대해 불만을 이야기할 때 쌍둥이 남동생 '아카샤'가 같이 있었다. '아카샤'는 한술 더 떠서 인도와 같은 구세계에서 통신은 '목소리'를 의미하지만 선진국들에게 통신은 '데이터와 디지털'이라고 거들면서 암바니 회장에게 젊은이들의 이야기를 전했다.

암바니 회장 역시 "이샤와 아카샤는 훨씬 창의적이고, 훨씬 야심차며 세상에서 최고가 되기를 원하는 인도 젊은 세대"라며 "하지만 훨씬 참을성이 없는 세대"라고 덧붙였다. 그러면서 "이 젊은 인도인들이 나에게 인터넷 사업을 하도록 확신을 주었으며 내 세대의 임무는 그들의 미래가 인터넷 세상에서 뒤처지지 않도록 하는 것"이라며 '지오' 사업 초기 에피소드를 전했다.

2011년 당시 인도는 인터넷 연결이 빈약하고 데이터 사용료가 소득에 비해 상대적으로 비싸서 많은 사람이 이용하는 데 한계가 있었다. '지오'는 이런 점이 인도 통신산업이 가장 시급히 해결할 '약점(Pain Point)'이라고 판단하고 그 판단에 맞게 경영 전략을 펼쳤다. 석유화학과 소매업 중심의 릴라이언스가 통신산업이라는 도박을 한 데는 이 약점을 자신이라면 해결할 수 있다는 자신감 때문이었다.

그는 초기 출시부터 저렴한 비용으로 인도 전 지역에서 사용할 수 있는 통신 네트워크를 구축했다. '지오'는 당시 다른 통신사들이 2G와 3G, 4G 서비스를 동시에 서비스 하는 것을 보고, 이렇게 해서는 원가 부담이 높아 통신료를 낮출 수 없다고 판단했다. 그래서 처음부터 4G LTE 서비스만 제공하는 방식으로 투자비를 낮췄다.

'지오'는 통신요금 책정도 공격적으로 했다. 주변의 반대에도 불구하고 10G 데이터와 무제한 음성 통신 서비스 요금을 미국 통신사의 10분의 1로 책정하고 밀어붙였다. 결과는 대성공. '지오'라는 회사 문을 연 지 불과 170일 만에 1억 명의 가입자를 끌어들였다.

암바니 회장의 생각은 현재 데이터 서비스를 이용하는 타사 고객을 끌어오는 방식이 아닌 피처폰을 사용하는 사람과 스마트폰을 사용하지 못하는 5억 명의 인도 고객을 신규고객으로 끌어들이는 방식이었다. 따라서 초기에는 1,500루피(약 2만 4,000원)의 보증금만 내면 스마트폰을 사용할 수 있도록 했다.

그리고 기존 통신사 이용고객의 평균 지출 금액인 월 300루피(약 5,000원) 선으로 가격을 맞춰 돈이 없어 인터넷을 사용하지 못했던 젊은 층에게 큰 인기를 끌었다. 그 결과 매일 30~50만 명의 고객이 '지오'로 옮겨왔다.

최근 지오는 현재 75% 수준인 통신망을 99%로 끌어올리기 위해 삼성전자와 통신 장비 납품 계약을 체결했다. 양사는 서로 협력해 인도에 최초의 네로밴드 방식의 IoT 서비스를 제공할 예정이다.

인도 무선 통신의 혁명을 가져왔던 릴라이언스 지오는 2016년 9월 무선 통신시장에 진입한 이래 엄청난 고객 확보를 통해 경쟁사들이 파산을 하거나 합병을 하게 만드는 무서운 저력을 보여왔다.

지오의 새로운 도전은 현재 뉴델리와 뭄바이를 포함한 일부 도시에서 광섬유 통신망을 활용한 새로운 유선 통신 서비스 시험을 진행하고 있다.

지오는 2018년 말 유선 인터넷 서비스 부문에 진출할 계획이고, 더욱더 놀라운 사실은 전화통화 무제한, 인터넷 무제한, 지오 TV 무제한 서비스를 선보일 예정이다.

요금제도 놀라운데, 한 달 1,000루피(한화 1만 7,000원) 이하로 가격이 책정될 예정이다. 전송 속도와 관련해서 100Mbps급 속도가 기본 제공될 예정이다.

인도 정부는 2018년 5월 1일(현지시간), 인터넷 전화를 전면 허용했다. 따라서 VoIP(일반 공중 전화망 대신 광대역 인터넷 연결을 사용해 음성전화를 걸 수 있도록 하는 기술) 서비스가 일반화될 전망이다.

지오 TV(앱TV)는 최근 콘텐츠 확보에 열을 올리고 있다. 그 첫 번째 움직임으로 평창 동계올림픽, EFL컵, 크리켓 등 글로벌 스포츠 이벤트에 대한 디지털 권리를 획득하는 데 열을 올리고 있다. 지오 TV 앱을 통해 지오가 확보한 콘텐츠를 라이브로 시청하고 7일 전 TV방송까지 시청할 수 있다.

지오의 이러한 공격적 움직임에 맞서 업계 1위인 에어텔도 재빠른 움직임을 보이고 있다. 에어텔은 월 1,200GB데이터와 자사가 운영하는 윙크 뮤직과 에어텔 TV 서비스를 제공하고 300Mbs 속도의 새로운 인터넷 서비스를 월 3,000루피(약 5만 1,000원)에 내놓을 예정이다. 뿐만 아니라 1,000루피, 1,200루피, 2,199루피 등 세 가지 통신 서비스를 제공하고 있으며, 아마존 프라임을 연계한 서비스를 번들로 제공하고 있다.

에어텔은 최근 번들 사업에도 열을 올리고 있는데 그만큼 통신 인프라를 통한 수익 창출이 어렵다는 것을 반증한다. 인터넷망 중립성을 지키면서 수익을 창출할 수 있는 유일한 대안이 콘텐츠 비즈니스이기 때문이다.

지오는 이런 점을 간파하고 통신 인프라 완성 이후의 방향에 대한 심각한 고민을 하고 있다. 이런 고민을 해결할 목적으로 유명 영화사 에로스 인터내셔널의 지분 일부를 인수했고, 지오 뮤직과 유명 음악앱 사븐(Saavn)을 통합하는 등 발 빠른 움직임을 보이고 있다.

이제 인도가 가진 제약을 넘어서며, 인도의 눈은 또 다른 세계로 나아가고 있다. 바로 콘텐츠 영역이다.

읽을거리　'험난한 K-콘텐츠' 인도 공략, 디즈니의 인내 배워라

1968년 영국 비틀스 멤버들은 인도 북부 히말라야 작은 도시 리시케시(Rishikesh)에 지친 몸과 마음을 의탁했다. 당시 비틀스는 매니저의 죽음과 영화 <매지컬 미스터리 투어>의 참패, 창작의 고통 등으로 정신적인 스트레스가 극심했다.

비틀스는 인도에서 얻은 영감을 원천으로 「Black Bird」, 「I Will」 등 주옥 같은 곡들을 만들어 대중음악을 예술의 경지로 올리는 작업에 매진했고 성공적인 활동을 이어갈 수 있었다.

비틀스의 조지 해리슨은 인도 악기 '시타르(Sitar)'의 거장이자 'Don't Know Why' 등으로 유명한 가수 노라 존스의 아버지 라비 샹카를 사사했다. 세계 예술가들에게 영감을 주고 있는 인도음악이 월드뮤직에서 차지하는 비중은 해외 유명 레코드점에서 쉽게 확인할 수 있다. 그곳엔 인도음악이 선반 한 칸을 가득 채운다. 세계의 유명 대학교 치고 인도음악 프로그램이 없는 곳도 드물다.

하지만 인도 안에서는 이야기가 달라진다. 이곳에선 하나의 음악만 존

재한다. 바로 '인도음악'이다. 인도는 우리보다 훨씬 긴 외세 지배를 받았음에도 한 번도 서양음악에 '음악'의 자리를 내준 적이 없다. 클래식 오케스트라는 불과 12년 전에 탄생한 '뭄바이 심포니 오케스트라' 단 한 곳뿐이다. 13억 인구를 가진 국가에서 서양 클래식 음악을 제대로 배울 학교가 단 한 곳도 없다. 어떻게 이런 것이 가능했던 것일까?

영국은 인도를 약 200년간 지배하며 인도를 통해 막대한 부를 쌓고 세계를 지배했지만 인도인의 전통복식 하나 바꾸지 못했다. 무력으로 정치·경제를 지배했지만, 문화적 자존심만큼은 건드리지 못했다.

인도 학교에는 서양음악 과목이 없다. 외국인 학교에서나 서양음악을 일부 가르치는 정도다. 음악시간에는 고전음악인 '라가(Raga)'를 배우거나 '시타르' '타블라(Tabla)' 등 전통악기를 익힐 뿐이다. 우리처럼 국악이 서양음악 앞에 주눅 드는 일도 없다. 오히려 인도음악 선생은 사회적 스승으로 존경받으며, 종교 지도자처럼 '구루(Guru)'라 불린다. 음악을 신에게 다가서기 위한 도구로 간주하는 그들의 의식이 음악가를 종교 지도자와 같은 반열에 올려놓은 것이다.

'음악은 인간이 아닌 신을 즐겁게 하기 위해 만들어진 것'이라는 의식에서 나온 게 '나다 브라마(Nada Brahma)'다. 우주 전체가 소리로 만들어졌고 '음악은 신'이라는 뜻이다.

극소수 현대의 상업적 콘서트를 제외하고는 대부분 국가나 대기업의 지원 아래 공짜로 전통 음악회가 열린다. '음악이 곧 신'인데 신을 사고파는 것은 불경스럽기 때문이다. 인도에는 종교 지도자나 예술가의 기일에서 유래한 기념일이 많다. 이런 날에 국가나 기업들이 후원하는 공연이 곳곳에서 열린다.

신을 만나는 일은 누구나 듣고 즐길 수 있다. 음악(신) 앞에서는 빈부의 차가 존재하지 않는다. 극빈층이라도 위대한 구루 '라비 샹카'의 공연을 즐기고 만날 수 있다. 연주자는 정부나 기업에서 안정적인 수익을 받는 만큼, 부유층에 잘 보일 이유도 빈곤층을 멀리할 이유도 없다.

실제로 몇 년 전 인도에 한국 유명 아이돌 그룹과 가수, K-Pop에 대한 선호 조사가 있었다. K-Pop 선호도는 전반적으로 낮았지만 인도 음악과 유사한 샤이니의 「링딩동」의 인기는 매우 높았다. 가수들의 외모에 대한 반응도 뜨겁지 않았고 그나마 가장 남성적인 이미지를 가진 슈퍼주니어 최시원 정도가 상대적으로 높은 점수를 얻었다.

이렇게 낯가림이 심한 음악 영역에 K-Pop이 들어가는 것은 대단히 어렵다. 그러나 디지털과 함께 다가온 봄처럼, 변화의 조짐이 보이기 시작했다. 인도 진출을 위해 부단히 노력해왔던 디즈니가 2015년 말 브로드웨이 뮤지컬 <미녀와 야수>를 뭄바이와 뉴델리에 소개했다. 결과는 대성공. 단 두 도시 공연에서 전회 만석과 함께 무려 1억 7,000만 달러의 수익을 거둬들였다.

이에 힘입어 올해는 뮤지컬 <알라딘> 공연이 준비 중이다. 다른 나라 기업들은 인도의 왜곡된 시장을 보고 진작에 포기했다. 하지만 디즈니는 면밀히 인도 시장을 분석했다. 그 결과 중산층이 급속히 늘어나는 인도 시장에서, 콘텐츠(대부분 영화)만으로는 성공이 어렵다는 결론을 얻었다. 그래서 인도인의 특성과 기호 등을 고려한 새로운 콘텐츠 '뮤지컬'로 시장을 선점한 것이다.

얼마 전 인도의 한 대학에서 스튜어디스 양성과 뷰티 관련 학과 설치를 도와줄 수 있냐는 문의가 왔다. 미용과 항공 산업이 급성장하면서 인력

충원이 시급해져 제대로 교육할 사람과 교육받은 사람을 찾기 어려웠기 때문이다. 이 분야에서는 한국이 최고라는 게 이들의 생각이다.

디지털 분야에도 인도 앱 시장에는 기능성 앱이 거의 대부분이다. 한국이 강한 서비스나 콘텐츠성 앱은 전무하다. 디즈니도 하는데 우리라고 못할 것은 없다. 이가 없으면 잇몸으로, K-Pop이 어려우면 다른 콘텐츠로 인도에 진출해보는 것이 어떨까? 기회는 지금부터다.

제5장

인생은 너무 짧다.
자! 스타트업이다!

앞 장에서는 인도에 불고 있는 IT 산업과 기업 변화의 모습을 주로 이야기했다면 이 장에서는 방갈로르의 미래라고 할 수 있는 스타트 업들의 움직임을 다루려고 한다. 세계적인 벤처캐피털이 진출하여, 매달 스타트업 관련 이벤트가 끊임없이 개최되고 있는 곳 이 방갈 로르다. 또 인도 IT 서비스 기업이나 유럽, 미국 기업들의 자사 개발 거점에서도 전략으로 인도 스타트업을 적극 활용하고 있다. 이렇게 후끈 달아오른 인도의 스타트업 열기와 그 이면에 숨겨진 이야기를 소개하고자 한다.

조용한 방갈로르 주택가에 불어닥친
글로벌 기업들의 인수 열풍

/

방갈로르 주택가인 코라만갈라(Koramangala)는 여느 방갈로르 조용한 주택가 모습 그대로다. 하지만 그 안에 숨겨진 모습을 한번 들여다보면 깜짝 놀랄 수밖에 없다.

2014년은 모디 정부가 정권을 잡은 첫해였다. 하지만 이 시기에 바로 이 조용한 주택가 코라만갈라를 흔든 조용하지만 큰 사건이 세개 있었다. 글로벌 유명 기업 구글, 야후, 페이스북이 이 조용한 주택가에 있는 스타트업들을 연달아 인수한 것이다.

첫 스타트로 1월에 임퍼미엄(Impermium)이 약 900만 달러에 구글에 인수되었다. 임퍼미엄은 2011년에 창업해, 웹 사이트의 스팸 방지나 계정 보호 같은 틈새 서비스를 시행해왔던 스타트업이다.

연이어 같은 1월에 리틀 아이 랩스가 페이스북에 인수되었다. 리

조용한 주택가 코라만갈라를 구글, 야후, 페이스북이 흔들고 있다. 잇단 스타트업들 인수! 코라만갈라 거리 모습.

틀 아이 랩스는 모바일 앱의 최적화 툴을 만드는 회사로 2013년에 창업되었다. 단 네 명의 직원만 있던 회사였는데, 무려 1,500만 달러에 인수되었다.

같은 해 9월, 야후에 인수된 북패드는 2013년 IIT 졸업생 3명이 창업하여, 구글 다큐멘트 같은 온라인 문서 편집 소프트를 개발하던 기업이다. 인수 금액은 리틀 아이 랩스와 같이 1,500만 달러로 이 회사도 인수 당시 여덟 명의 직원이 있었다. 북패드는 야후 말고도 미국 유명 IT 기업 두 군데에서 인수 제의를 받았었다.

한국에서라면 이런 미국의 IT 공룡들이 인수에 나서면 경영자 인터뷰부터 시작해서 나라를 들었다 놨다 할 정도로 떠들썩했을 것이다. 하지만 여기 인도에서는 이런 일들이 그리 놀라운 일이 아니기에 큰 뉴스로 다뤄지지 않았다.

코라만갈라 지역은 방갈로르의 주택가이긴 하나, 특히 스타트업들이 많은 지역이기도 하다. 코라만갈라 스타벅스나 주변 커피숍을

사진: 임퍼미엄

구글에 인수(금액은 약 900만 달러)된 스타트 기업 임퍼미엄 직원들 모습.

인도 4차산업혁명, 세계를 움직이다

방문해보면 젊은이들이 컴퓨터를 만지며 이야기하는 모습을 흔히 볼 수 있다. 거의 다 스타트업 기업에 근무하는 사람들이다.

최근 들어 더 많은 미국 IT 기업들이 인도 유망 스타트업을 조용히 인수하고 있다. 단지, 금액이 그리 크지 않기 때문에 화제가 되지도 않고, 알려지는 일도 별로 없다. 미국 IT 기업들은 성장을 위해 유망한 스타트업 기업의 정보를 모아 적극적으로 인수에 나서고 있고, 이미 방갈로르의 스타트업에 주목하고 있기에 조금만 유망하다 싶으면 바로 바로 인수에 나선다.

앞 장에서는 인도에 불고 있는 IT 산업과 기업 변화의 모습을 주로 이야기했다면 이 장에서는 방갈로르의 미래라고 할 수 있는 스타트업들의 움직임을 다루려고 한다. 세계적인 벤처캐피털(이하 VC)이 진출하여, 매달 스타트업 관련 이벤트가 끊임없이 개최되고 있는 곳이 방갈로르다. 또 인도 IT 서비스 기업이나 유럽, 미국 기업들의 자사 개발 거점에서도 전략으로 인도 스타트업을 적극 활용하고 있다.

이러한 인도의 스타트업 열기와 그 이면에 숨겨진 이야기를 소개하고자 한다.

한국 대리기사 서비스 아이디어로
1,000만 달러 투자받다

최근 인도 구글 출신의 한 인도인 지인이 인도에서 회사를 설립했는데, 초기 투자금으로 무려 300만 달러나 받았다는 소식이 들려왔다. 그러고는 "한 번 더 투자를 받을 예정인데, 이번에는 500만~700만 달러 정도 받게 될 것 같다"며 자랑을 이어갔다. 어떤 사업 모델로 투자를 받았냐고 물었더니, 우리나라에서는 너무나 흔한 '대리기사 서비스'라고 했다.

비슷한 시기에 인도에 진출하려던 콘텐츠 대기업 해외사업총괄 부사장 출신의 또 다른 지인은 재직시 발견한 인도의 가능성을 보고 창업에 뛰어들었다. 인도 현지 시장에 대한 사전 테스트까지 마치고는 긍정적인 결과를 얻었다. 자신감을 갖게 된 그는 그동안 안면을 터왔던 국내 벤처투자자 10여 곳의 문을 두드렸으나 결국 투자를 받는 데 실패했다.

인도인 지인에게 어떻게 투자받았냐고 물으니 "인도에 없는 처음 시도되는 사업이라는 것을 강조해 투자를 이끌어냈다"고 말했다. 현재까지 성과를 물으니 "16%씩 성장하고 있다"고 했다. '연 16% 성장이라면 그리 큰 성장은 아니지 않느냐'고 하니, '월평균' 16% 성장이라는 답이 돌아왔다.

이번에는 한국인 지인에게 투자를 받지 못한 이유를 물었다. 그는 "40대인 창업자 나이, 주 수익 모델이 온라인 광고 기반이고, 인도에서 처음 소개되는 서비스이기 때문에 리스크가 크다는 것이 투자 거절 사유였다"고 했다.

뿐만 아니라 "대략 한 시간 정도 미팅을 하면, 인도를 아예 범죄와 부정부패가 판치고 경제 상황은 열악한 곳이기 때문에 투자지로서도 적절치 않다" "인도에서 아직 이런 서비스가 소개되지 않은 것은 시장성이 없기 때문일 것"이라는 등 마치 학생을 가르치는 선생님 같은 조언이 쏟아졌다고 한다. 그는 "모르는 사이도 아니니, 앱 다운로드 100만 건을 기록하면 다시 투자 심의를 해볼 수 있다"는 소리까지 들었다며 씁쓸해했다.

우연한 기회에 이 한국인 지인의 투자 상담을 했던 벤처 캐피탈 대표와 식사할 기회가 있었다. 당시 투자 거절 사유에 대해 슬쩍 물으니 본심을 이야기했다. 우선, 자신이 인도에 대해 전혀 모르고, 투자 결정에 대해 크로스 체크해줄 시장 전문가도 없고, 한국에서는 도저히 통하지 않는 광고 수익 모델을 가져온 것 자체가 심사 탈락의 사유라는 것이었다.

한국의 많은 벤처 캐피털 심사역들에게 인도 온라인에서 중국 알리바바가 만든 'UC브라우저'의 시장 점유율이 60%에 육박하고, 구글 '크롬'의 점유율이 30%에도 미치지 못하고, 마이크로소프트의 '익스플로러'는 5%의 점유율도 안 된다는 사실과, 안드로이드 앱스토어에서 '구글 플레이'가 4년 전에는 시장 점유율이 60%가 넘었는데 현재는 30%도 안 되고, '나인 앱스(9 Apps)'라는 앱스토어 시장 점유율은 4년 만에 3%에서 60%로 점유율이 뛰어올랐다고 이야기하면, "나인 앱스가 뭐죠?"라는 전혀 예상 밖의 질문이 돌아온다.

뿐만 아니라 인도 IT 관련 뉴스만 모아놓는 개인 블로거도 월 광고 수익이 2만 달러(2,100만 원) 수준이고, 한국에서 절대 투자하지 않는 '뉴스 앱'도 인도에는 투자가 활발하다고 이야기해주면 깜짝들 놀란다. 여기에 덧붙여 10년 이상 직장 경력을 가진 40대 전후 스타트업 성공 확률이 47% 정도로 인도에서 가장 높다고 전해주면 할 말을 잃어버린다. 한국에서 투자 거절 사유로 들었던 이유가 인도에서는 오히려 아주 훌륭한 투자 조건으로 탈바꿈하는 것이다.

인도 스타트업 관련 펀드 규모는 현재 5,000억 달러(534조 원)에 이른다. 거의 대부분 민간 자본이다. 반면 한국 스타트업 관련 펀드 규모는 10조 원 정도로 인도의 50분의 1도 되지 않는다. 그리고 대부분 정부로부터 나오는 자금이다. 정부 투자가 없으면 스타트업 투자 생태계가 조성되지 못하는 것이 현실이다. 이런 기형적 모습은 '시장'이 없기 때문에 벌어진다. 정부가 투자에 나서면, 투자금 회수는 뒷전이고 '돈 풀기'만을 목적으로 해 시장이 외형만 커진 속 빈 강정이 된다.

더 심각한 것은 10조 원에 이르는 자금을 투자할 만큼 한국 스타트업 수가 충분하지 않다는 점이다. 지표만 놓고 보면 한국의 스타트업과 벤처 기업 수는 2010년 2만 개에서 2016년 3만 5,000개로 커졌다. 하지만 투자자들 사이에선 마땅한 투자처가 없다는 목소리가 많다. 우량 벤처나 스타트업이 많지 않기 때문이다. 2016년 기준 국내 벤처기업과 스타트업 기업의 매출 증가율은 9.7%로, 처음으로 일반 중소기업보다 뒤처졌다. 영업이익률도 4.4로 2년째 하락세다.

한국에서 시가 총액이 1조 원 수준인 '유니콘 기업'은 티몬과 옐로모바일 정도인데, 이마저도 불안정한 상황이다. 2018년에 무조건 투자돼야 하는 만기 펀드 재원과 새로 조성된 펀드 재원이 대략 5조 원 수준이라고 한다면, 1개 기업에 10억 원씩 투자한다고 단순 계산해도 투자할 만한 5,000개의 양질의 스타트업이 있어야 한다. 그런데 그 5,000개의 스타트업이 한국에는 없다.

신규 투자 증가세 역시 신규 펀드 증가 속도를 따라가지도 못하고 있다.

2016년 기준으로 신규 펀드는 전년 대비 27% 늘어났지만 신규 투자는 불과 3%밖에 늘지 않았다. 때문에 벤처 캐피탈 업계는 새로운 투자처를 찾기보다는 보유한 포트폴리오 가운데 괜찮은 실적이 나오는 곳에 추가 후속 투자를 진행하는 방향으로 내부 기준을 만드는 곳이 많다.

실제로 스타트업 투자 관계자는 "정말 괜찮은 곳이 아닌 이상은 새로운 곳에 투자하지 않을 것"이라고 말한다. 한국에서 정말 투자할 만한 곳을 찾을 수 있을지 회의감마저 든다고 한다.

인도 500대 투자 자본을 분석해보면, 투자자들의 대부분이 민간이다. 그리고 그중 절반은 해외 투자자들이다. 자금 규모로만 따져본다면 해외 투자자들의 투자금액이 절대적이다. 해외 투자자 가운데 미국이 55%로 선두이며 이웃 나라 중국과 일본 투자자도 각각 6%씩 차지하고 있다. 투자금액 규모 기준으로는 미국이 46%, 일본이 36%에 이른다. 이들의 수익성 또한 상당히 좋은 편이다. 하지만 아쉽게도 통계 자료에

사진: DriveU

인도에서 선풍적인 인기를 끌고 있는 드라이브유 대리운전기사 서비스

잡힌 인도 내 한국의 투자자는 단 한 곳도 없다.

민간, 특히 해외 투자자들이 투자 시장을 주도하는 인도에서 매년 투자와 스타트업 수가 급증하는 이유는 단순하다. 시장과 소비자가 있기 때문이다. 13억 인구가 시장을 만들고, 기업은 그 시장에서 기회를 만든다. 한국에서 적절한 투자처와 투자 대상을 찾지 못한다면 인도에서 찾는 것이 어떨까? 그것도 아니라면 인도로 진출하려는 기업들에 투자하는 것도 대안이다. 그러려면 인도에 대한 공부가 우선되어야 할 것이다.

자고 나면 생기는 스타트업들,
업종 살펴보면 트렌드가 보인다

/

제2장에서도 언급했지만 최근 인도의 스타트업 수가 급증하고 있다. 나스컴(NASSCOM)의 자료에 따르면, 2017년 인도 스타트업 수는 5,000개다. 이 숫자는 기술 기업 스타트업의 수다. 미국 5만 3,000개, 영국 5,200개에 이어 전 세계 3위의 스타트업 국가가 인도다. 4위는 이스라엘로 4,600개 정도 있다.

인도의 스타트업을 선진국 스타트업과 비교해보면 실력이 낮다고 이야기할 수가 있지만, 언젠가는 그중에서 세계적인 기업이 탄생할 수 있다고 생각한다.

인도 스타트업의 수는 방갈로르에 가장 많고 그다음 델리와 뭄바이 순이다. 이 세 개의 도시에 스타트업 기업 68%가 몰려 있다. 그 밖

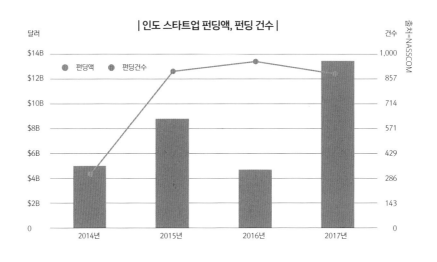

에 하이데라바드, 푸네, 첸나이 등이 있다. IT 기업이 들어선 비율과 거의 유사한 정도로 스타트업들이 생겨나는 경향을 보이고 있다.

가장 많은 것은 클라우드 컴퓨팅·빅데이터&분석·교육·헬스케어 등이고, 최근에는 핀테크·IoT·AI·블록체인도 분야도 꾸준히 늘고 있다.

특히 B2B 기업의 창업이 최근 꾸준히 늘고 있다. 지난해 창업한 스타트업 1,000개 중 47%에 해당되는 기업이 B2B기업인데 이는 2016년 37%에서 10%P 늘어난 수치다.

창업 연령도 31~45세가 44%, 26~30세는 31%, 25세 미만의 20%를 차지하고 있으며, 45세 이상 비율도 5%나 된다.

여성 창업자 비율도 2015년 9%, 2016년 10%, 2017년 11%로 조금씩 꾸준히 늘고 있다.

또한 50%의 창업자는 공학, 25%는 경영학, 25%는 기타 분야의

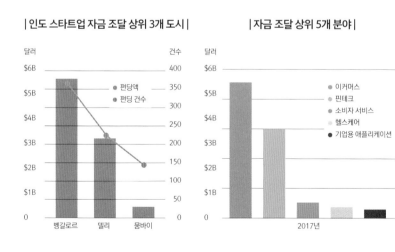

|인도 스타트업 자금 조달 상위 3개 도시|

|자금 조달 상위 5개 분야|

인도 4차산업혁명, 세계를 움직이다

경력을 가지고 창업을 하고 있다.

인도에서
스타트업이 크게 늘고 있는 이유

/

왜, 인도에서 이렇게 스타트업이 늘고 있는 것일까?

일반적으로는 인도의 경제가 성장해 생활에 여유가 있는 중산층이 늘었기 때문이라고 본다. 이들의 왕성한 구매욕을 채워줄 서비스는 부족하고, 그 수요에 부응하는 서비스를 시작하면 비약적인 성공을 이룰 수 있는 것이 인도의 현재 모습이다.

또 다른 요인은 스마트폰의 급속한 보급에 의해 인터넷을 통한 다양한 비즈니스 제공이 가능해진 것이다. 인도의 평균 연령은 26.7세로 젊고, 거의 다 디지털 네이티브 세대로 스마트폰 사용에 익숙하다. 또한 이 젊은이들이 직업을 갖고 경제활동을 하게 되면서 앞선 세대의 검소함과는 다른 소비 성향을 보이고 있는 것도 하나의 요인이다.

이런 상황은 모터라이제이션(Motorlization: 자동차가 급격하게 대중에게 보급되는 것)이 일어나는 시기를 거친 다른 개발도상국가들과 비슷한 모습이지만, 인도가 다른 개발도상국들과 다른 것은 IT 인재가 풍부하다는 사실이다.

과거에는 IIT 등 최고 상위권 대학에서 공부하고, 미국의 대학원이나 비즈니스 스쿨에 진학하여 졸업 후에 그대로 미국에서 취직하거나, 창업을 하는 사람이 많았다. 인도에 돌아와도 좋은 조건의 직장과 일자리를 구할 수 없었기 때문이다.

그러나 최근에는 인도 IT 업계의 수준이 높아져 인도 IT 서비스 기업뿐만이 아니라, 이름난 외국계 기업의 연구 개발 거점이 인도에 들어서게 되었다. 이를 통해 인도에서도 자신의 미래에 도움이 되는 경력을 쌓을 수 있고 동시에 만족할 만한 급여를 받을 수 있는 기업이 많이 생겼다. 그 결과, 우수한 젊은이들이 미국에 가지 않고 인도에 남는 경향이 생기고 미국 유학 후에 인도로 돌아오는 사람도 늘어나고 있다. 이러한 고급 인재 중에 창업가 정신을 발휘하는 젊은이들이 자신의 기술을 바탕으로 스타트업에 도전하고 있다.

또 다른 이유는 스타트업 설립 때 들어가는 초기비용이 크게 내려갔다는 사실이다. 지금은 컴퓨터와 스마트폰과 클라우드 환경만 있으면 어디서든 개발이 가능해, 적은 인원과 오픈 소스를 활용해 프로토타입을 개발해서 서비스를 시작하는 것이 가능해졌다.

게다가 저렴한 생활비도 창업에 뛰어들기에 좋은 조건이 된다. 최근에는 방갈로르에도 고급 레스토랑이나 고급 아파트가 늘어, 선진국 같은 생활비가 들기도 하지만, 일반적으로 학생이나 젊은 사람들의 생활비는 선진국보다 훨씬 저렴하다. 인도 현지 식당에서 점심식사를 하게 되면 1,000원 정도면 해결할 수 있다. 월 몇십만 원만 있으면 충분히 살 수 있는 환경이다. 인도의 IT 기업 등에서 몇 년간 일을 하고 그 돈의 일부를 종잣돈으로 창업을 하는 경향도 많이 나타나고 있다. 그리고 설사 자신의 사업이 실패하더라도 창업을 할 정도의 실력

인도 한 스타트업 사무실에 있는 슬로건

을 지닌 인재라면 일할 수 있는 자리가 넘치는 것이 인도다. 즉 실패를 하더라도 재기할 수 있기에 도전할 수 있는 것이다.

인도의 한 스타트업 인큐베이터 사무실 벽에는 이런 글이 씌어 있다.

'life is too short. START-UP'(인생은 짧다. 자! 스타트업이다.) 이런 가슴 뛰는 용어가 인도 젊은이들을 스타트업으로 끌어들이고 있는 것이다.

선진국 이상 잘 정비된
스타트업 에코시스템

스타트업이 증가하고 있는 배경에는 창업 에코시스템이 잘 정비된 것도 큰 이유로 작용하고 있다. 2017년 말 현재 인도에 있는 VC(Venture Capital)는 180개, 엔젤 개인 투자가는 350명, 투자액은 약 140억 달러다. 이 액수는 미국(610억 달러), 중국(480억 달러), 유럽(120억 달러)에 이은 투자에 해당한다.

　미국의 대표적인 VC인 타이거 글로벌, 엑셀 파트너스나 세코이아 캐피탈 등은 방갈로르에 거점을 가지고 있다. 이 밖에도 캐피탈G(전 그룹 캐피탈), 인텔 캐피탈, 시스코 인베스트먼트, 퀄컴 벤처스 등 미국 IT 기업의 투자회사(코포레이트 벤처 캐피탈: CVC)도 인도에서 적극적인 투자 활동을 하고 있다. 인도 투자 책임자는 실리콘밸리에서 VC 경험을 한 사람이 많고, 미국을 시작으로 한 글로벌 경험을 가지고 IT 기술 트렌드나 투자 전략을 매우 잘 알고 있는 인도인들이 많다.

　인도의 스타트업 붐은 최근 가장 뜨거운 현상이며, 대부분의 스타트업 창업자들에게는 첫 경험이다. 수는 많지만 아직 수준은 전반적으로 낮다. 어디선가에서 본 비즈니스 모델과 어설픈 솔루션을 가지고 창업하려고 하는 사람도 적지 않다. 이런 창업가들을 실리콘밸리

방갈로르에서 열리는 스타트업 데모 데이 행사

인도 4차산업혁명, 세계를 움직이다

의 경험과 네트워크를 가진 벤처 캐피탈리스트들이 스크리닝을 해주고 있다.

이들이 투자하는 것은 스타트업의 1%에 지나지 않는다. 1,000개 스타트업이 있다면, 그중 10개 이하다. 그러나 한번 투자가 결정되면, 다양한 형태로 자금 지원과 가이드를 해줘 선택된 스타트업들이 크게 성장하는 환경이 갖추어졌다. 또 인도시장에서 테스트 마켓을 해, 그 후 실리콘밸리에 정통한 VC의 지원을 받아 미국 진출에 도전하는 기업도 많다.

유럽이나 미국 이외의 VC로서는 대만 기업인 폭스콘, 중국 알리바바·텐센트도 적극적으로 움직이고 있다. 일본 VC는 적지만, 소프트뱅크가 인도 최대의 VC로서 투자를 하고 있다.

또 인도 대형 IT 서비스 기업도 위프로가 1억 달러, 인포시스가 5억 달러, 테크 마힌드라가 1억 5,000만 달러 등 스타트업 펀드를 발행하고 있다.

이뿐만 아니라 방위산업체인 보잉과 록히드마틴 등 셀 수 없이 많은 기업이 스타트업 지원에 나서고 있다.

또 하나 흥미로운 사실은 개인 엔젤 투자자들도 급증하고 있다는 것이다. 급증의 이유를 살펴보면, 세계를 상대로 큰 성공을 거둔 IT 아웃소싱 등 인도 IT 서비스 기업의 창업자들이 최근 차례로 은퇴한 것이다. 그들은 시가 총액 수천억 원의 자사주를 가지고 있고, 그것을 기초자금으로 스타트업에 대해 투자를 하고 있다. 또 미국에서 성공한 인도인 시리얼 안트러프러너(Serial entrepreneur: 연쇄창업가)에 의한 엔젤 투자도 많다.

이러한 엔젤들의 글로벌 비즈니스 성공 경험이나 인맥이, 인도 스타트업들에서 투자 금액 이상의 가치를 가지고 발휘하면서 성장을 뒷받침하고 있다.

인큐베이터나 액셀러레이터가 늘어난 것도 스타트업이 늘어난 것에 한몫하고 있다. 인큐베이터는 아이디어를 가진 스타트업이 새롭게 태어나게 하는 역할을 하는 데 반해, 액셀러레이터는 이미 창업한 스타트업에 대해 여러 가지 지원을 통해 성장을 가속화하는 역할을 한다.

인도에서는 인큐베이터나 액셀러레이터가 있는 곳이 140군데 이상 있다. 또한 많은 유명 대학에는 인큐베이션 센터가 설치되어 있다. 방갈로르에서는 인도이과대학(Indian Institute of Science), 인도경영대학원 방갈로르 캠퍼스(Indian Institute of Management Bangalore) 등이 학생이나 졸업생의 창업을 지원하기 때문에, 창업가 육성 프로그램을 제공하고, 사무실 제공이나 교수들 통한 멘토를 진행하고 있다. 대학은 창업가를 육성시켜 신규 고용을 늘리는 것도 교육을 하는 하나의 목적이라고 생각하고 적극적으로 지원하고 있다.

한국에서는 최근 실리콘밸리처럼 대학 재학 중에 또는 졸업 후 바로 크게 성장하는 경우가 많이 없지만, 인도의 경우 대학 재학 중 창업해 성공한 유니콘 기업들은 미국 실리콘밸리와 유사한 움직임을 보이고 있다.

또 유럽이나 미국 기업의 액셀러레이터 프로그램도 활발하다. 방갈로르에서는 마이크로소프트·인텔·오라클·보슈·애플 등 많은 기업이 액셀러레이터 프로그램을 운영하고 있다. 프로그램 내용은 기업에 따라 차이가 있다. 대부분은 지원한 스타트업 기업 중 몇 군데를 골라, 사무공간을 제공하거나 멘토링을 하며 수 개월에 걸쳐 지원한다. 프로그램을 졸업할 때는 이벤트를 열고 VC 등을 불러 매치 메이킹을 한다.

방갈로르의 액셀러레이터 프로그램 몇 개를 소개하면 다음과 같다.

마이크로소프트는 2012년부터 액셀러레이터 프로그램을 시작했다. 이 프로그램은 현재 베이징, 베를린, 런던, 시애틀, 상하이, 텔아비브에서도 개최되고 있다. 초기 단계가 아닌 비즈니스 확대 단계의 스

사진: MS India

2012년 시작해 120개가 넘는 기업이 이수한 마이크로소프트 엑셀러레이터 프로그램(싱크 넥스트 2017 참가자 모습)

타트업을 중심으로 지원하고 있다. 특히 마이크로소프트의 기술을 이용할 수도 있고, 전 세계 마이크로소프트의 기업 고객 대상으로 마케팅과 영업을 할 수 있는 장점이 있다. 이 프로그램을 졸업한 기업은 120개가 넘는다.

미국 대형마트 타깃은 2014년부터 액셀러레이터 프로그램을 시작했다. 마트 비즈니스에 유용하다고 생각되는 스타트업 기업 몇 개가 선정돼 4개월간의 프로그램에 참가한다. 이 회사는 미국밖에는 자사의 매장이 없다. 그럼에도 인도 스타트업이 미국 대형마트의 문제 해결에 도전하고 있는 것이 재밌다. 실제로 타깃의 경험이나 니즈를 듣고 미국 내 매장에서 테스트 등을 통해, 아이디어를 정교화할 수 있다. 타깃도 스타트업의 서비스를 자사에 활용하거나 투자하거나 인수하는 등, 여러 가지 플러스 요소로 활용하고 있다.

인텔은 인도 정부와 협력하여 인텔 인디아 메이커 랩(Intel India Maker Lab)으로 프로그램을 명명하고, 2015년부터 하드웨어 스타트업을 지원하기 시작했다. 인텔이 가진 하드웨어 설계 환경과 툴이 제공되며, IoT 등 하드웨어를 포함한 혁신 기업을 발굴하고 있다.

오라클도 2016년 4월에 세계에서 처음으로 방갈로르에 오라클 스타트업 클라우드 액셀러레이터(Oracle Startup Cloud Accelerator)를 개설했다. 그 후 델리·뭄바이, 또 인도 이외의 7개국의 도시로 확대해나가고 있다.

보슈는 2016년 말부터 보슈 DNA 액셀러레이터 프로그램(Bosch DNA Accelerator program)이라는 18주 프로그램을 개설했다. 이 프로그

사진: Apple India

애플이 방갈로르에 설립한 앱 엑셀러레이터

램에서는 IoT, AI, 블록체인 등의 최첨단 기술 분야에서 성과를 기대하고 있다.

애플은 2017년 3월부터 방갈로르에 앱 액셀러레이터(App Accelerator)를 개설했다. 이 프로그램은 스타트업의 비즈니스 지원이 아닌 iOS 상의 앱 개발 기술 지원을 하는 것이 목적이다. 압도적으로 안드로이드 개발자가 많은 인도인 개발자를 iOS 개발자로 양성하는 것도 목적이다. 인도 스타트업들에게 글로벌 비즈니스 전개를 하기에 앞서 iOS 플랫폼의 최신 기술 습득은 큰 장점과 경험이 된다.

이렇게 액셀러레이터 프로그램을 기업이 행하는 목적은 여러 가지다. 플랫폼을 가지고 있는 기업에게는 자사 플랫폼 활용을 확대하거나 자사 제품이나 비즈니스에 혁신적인 스타트업들의 아이디어를 활용하려는 목적이 많다.

한국과 인도의
스타트업 지원 전략 차이는?

/

한국은 만일 정부가 스타트업을 지원하지 않으면 스타트업 생태계
가 만들어질 수 있을까? 이런 의문이 들 정도로 정부의 역할이 무
척 크다.

하지만 인도에서 정부 역할은 한국에 비해 상대적으로 미미하다.

인도에서는 정부 역할을 대신하는 단체가 하나 있는데, 인도 IT
업계 단체인 나스컴(NASSCOM)이다. 나스컴의 회원 기업은 약 250개,
회원 기업들의 매출액만 따지면 1,560억 달러로 상당히 큰 단체다.

이렇게 인도 IT 업체를 대표하는 나스컴에서도 2013년 4월부터
스타트업 지원 프로그램 'NASSCOM 10,000 스타트업 프로그램'을
실시하고 있다. 목표는 2023년까지 1만 개의 스타트업을 양성하는 것
이다. 이 숫자는 단순히 등록한 스타트업 기업 수가 아니라, 실제로
투자를 받아 성장하는 스타트업의 수다.

NASSCOM은 이 프로그램의 일환으로 스타트업 창고라 불리는
스타트업 전용 코워킹 공간을 만들었다. 최초의 코워킹 공간은 방갈
로르에 만들어졌고, 현재 인도 내 10곳에 이러한 스타트업 전용 코워
킹 공간이 만들어져 운영되고 있다. 방갈로르는 2016년부터 공간의
규모를 확대하여, 300서 사무공간과 하드웨어 설계를 지원하는 IoT
랩도 설치했다. 현재까지 이 공간에 입주한 업체 중 376곳이 펀딩을
받았다.

이 프로그램은 마이크로소프트·구글·아마존·페이스북·IBM 등이 공동으로 후원하고 있다. 특히 스타트업에 필요한 클라우드 환경 제공이나 기술지원을 한다. 이러한 클라우드 환경을 제공하는 기업들의 인도 개발자 수는 미국을 제외하면 가장 많다. 따라서 인도 스타트업에 대한 지원은 시혜적인 성격이 아닌 전략적인 성격으로, 무척 중요한 일이다.

해마다 나스컴에서는 이노트렉(Innotrek)이라는 실리콘밸리 방문 프로그램을 실시하고 있다. 2017년에는 40개의 스타트업이 애플·구글·페이스북·아마존·IBM·마이크로소프트를 방문하여 투자가를 대상으로 한 피치 이벤트를 개최했다. 실리콘밸리와 인도의 스타트업의 관계는 무척 긴밀하다. 이 방문 프로그램에 참여한 인도 스타트업인 북패드 등 몇 개 업체는 앞서 언급했듯이, 이 프로그램을 진행하는 도중에 야후 등 미국 기업에 인수가 결정되기도 했다.

실리콘밸리에서 성공한 인도계 창업가들은 1992년에 실리콘밸리에서 TiE(The Indus Entrepreneurs)라는 비영리 창업가 육성 지원 조직을 만들었다. 2018년에 26주년을 맞이했고, 세계 18개국 61도시에 지부가 있고, 약 1만 3,000명의 회원이 있다. 인도인에 한하지 않고, 창업가 지원의 세계적인 네트워크로 자리 잡게 되었다.

미국 21개 지부, 인도 17개 지부가 있다. TiECon이라는 창업가 포럼도 매년 15도시 이상에서 개최된다. 실리콘밸리 스타트업의 3분의 1은 인도인이 창업했다고 알려져 있는데, TiE 네트워크가 뒤에 있다는 것은 공공연한 사실이다. 이러한 인도인의 강력한 네트워크도

성공한 인도계 창업가들이 만든 비영리 창업가 육성 지원 조직 TiE, 세계적인 네트워크로 자리 잡았다. 영국 TiE 행사장 참석자들

창업 생태계에 큰 역할을 하고 있다.

VC나 엔젤로서 인도의 스타트업에 투자·지원하는 등 실리콘밸리에서 한 경험·노하우·인맥은 여러 형태로 인도의 스타트업에게 중요한 자산이 되고 있다.

실리콘밸리로 향하는 스타트업, 유니콘 기업의 탄생

실리콘밸리의 기업에 인수되는 인도 스타트업의 임원과 직원은 그대로 실리콘밸리에 간다. 임직원 입장에서 보면, 그들이 가장 가길 원하는 미국에 갈 수 있고, 인수되면서 목돈도 손에 넣는다. 스타트업을 인수한 기업 입장에서 보면, 유망한 사업과 인재, 이들이 가지고 있는 기술과 노하우를 싼값에 손에 넣을 수 있는 장점이 있다.

특히 미국의 IT 기업이 원하는 것은 인도의 우수한 인재다. 고도 IT 기술과 경영능력을 가지고 있는 인재는 미국에서도 찾기 쉽지 않다. 스타트업을 인수하면 그러한 인재를 확보할 수 있는 셈이다.

인도에서는 월등한 성장을 이룬 유니콘이라는 기업이 잇따라 탄생하고 있다.

유니콘 기업이란, 시가 총액 10억 달러가 넘는 미상장 기업을 말한다. 투자자금이 투입되어 급성장 중이지만 이익은 나오지 않는 것이 대부분이다. 인도의 유니콘 기업은 2017년 8월 기준 10개다. 미국은 107개, 중국은 56개, 영국 9개, 독일이 4개, 이스라엘, 일본은 각 1개 정도다. 미국과 중국이 압도적으로 많으나, 인도에서는 매년 새로운 유니콘 기업이 탄생하고 있다. 또한 곧 유니콘으로 성장할 가능성이 높은 후보 기업이 50개나 되기 때문에 몇 년 후면 중국을 앞지를 것이라는 전망이 지배적이다.

인도의 유니콘 기업 창업자들을 보면, 몇 가지 특징이 있다. 대부분 인도 최고 대학인 IIT나 미국 유명대학을 나온 것이다. 또 미국 IT 기업의 인도 지사나 거점에서 일한 경험을 가진 창업자도 많다.

또 인도의 유니콘 기업 중의 절반은 방갈로르에 본사를 둔다. 그중에서는 창업 후에 방갈로르로 옮겨 온 회사도 있다. VC로부터 투자를 받고 규모 확대를 위해 인재를 구하는 데서도 역시 방갈로르가 유

| 인도의 대표적 유니콘기업 |

회사명	업종
Flipkart(플립카트)	eCommerce/Marketplace
Snapdeal(스냅딜)	eCommerce/Marketplace
One97 Communications(원나인티 세븐)	Fintech
ANI Technology(Ola Cabs_올라 캡스)	On-demand
ReNew Power Ventures(리뉴 파워 벤처)	Energy & Utilities
Hike(하이크)	Social
Shopclues(샵클루)	eCommerce/Marketplace
Zomato Media(조마토 미디어)	Social
InMobi(인모비)	Adtech
Quikr(쿼커)	eCommerce/Marketplace

(2017년 8월 기준)

리한 상황인 것은 변함이 없다.

인도 방갈로르를 기반으로 탄생한 유니콘 기업 몇 곳을 소개하면 다음과 같다.

글로벌 대기업들이 눈독 들인 전자상거래 회사 플립카트

/

플립카트는 인도 최대의 전자상거래 기업이며 유니콘 기업으로서도 최대의 시가 총액을 자랑한다.

2018년 5월 미국 유통업체 월마트는 플립카트를 인수하게 되었다. 월마트의 플립카트 인수는 인도뿐만 아니라 전 세계 전자상거래 업체 인수 거래 규모 중 최대 규모로 기록될 전망이다.

이번 거래에서 월마트는 플립카트의 시장 가치를 210억 달러 이상으로 평가해 업계 관계자를 깜짝 놀라게 했다. 당초 시장에서는 120억~180억 달러 전후로 플립카트의 가치를 평가해왔는데 월마트는 시장의 기대를 넘어서는 금액으로 플립카트의 가치를 평가해 주식을 인수하게 된 것이다.

월마트는 70%의 지분을 인수했다. 특이한 사항은 그동안 플립카트에 인수에 관심을 보였던 구글은 지주회사 알파벳을 통해 플립카트의 지분 5%를 확보했다는 점이다.

2007년 방갈로로 코라만갈라에 있는 두 칸짜리 낡은 아파트 한 구석에서 IIT 델리를 졸업한 후 아마존에서 1년 근무하고 퇴사한 사친 반살과 비니 반살에 의해 설립된 플립카트는 10년 만에 새 경영진을 맞이하게 됐다. 이번 계약에서 사친 반살은 자신이 보유한 5.5% 지분 전체를 매각하고 약 10억 달러에 달하는 온라인 서점 사업을 새롭게 시작할 예정이다. 타이거 글로벌 매니지먼트, 텐센트 등은 소규모 주주로 계속 남을 전망이다.

월마트의 플립카트 인수에 키를 쥐고 있었던 소프트뱅크는 25억 달러에 인수한, 20%에 달하는 주식을 매각하며 막대한 시세 차익을 얻었다. 투자한 지 8개월 만에 무려 60% 이상의 투자 수익을 거둬들

두 칸짜리 낡은 아파트에서 설립된 플립카트, 210억 달러 이상의 가치로 평가한 월마트에 인수되다. 방갈로르 플립카트 본사

인 것이다.

당초 소프트뱅크는 플립카트 인수에 큰 관심을 보였던 아마존에 월마트보다 10~20% 이상 높은 가격을 제시한다면 보유 지분 전량을 넘기겠다고 공언하며, 타이거 글로벌·나스펄·악샐 파트너스 등 대주주들에게 조금 더 버틸 것을 요청했다. 하지만 이런 요청이 최종 거부되자 전격적으로 월마트에 지분을 넘기게 되었다.

플립카트 임직원 수는 8,000명, 계약직 사원 2만 명, 총 매출액 40억 달러다. 취급 품목이 서적이나 CD·휴대전화·패션 등으로 다양해 '인도의 아마존'이라고 불리는 존재다.

창업 5년 후인 2012년에는 시가 총액 10억 달러. 그로부터 3년 후 2015년에는 15배 이상인 150억 달러가 되었다.

2017년 1월에는 갑자기 플립카트에 투자한 VC 타이거 글로벌

이 대주주의 자격으로 새로운 CEO를 임명했다. 타이거 글로벌은 이를 통해 적극적으로 투자를 받기 시작했다. 그 후 2017년 4월부터 마이크로소프트·텐센트·이베이로부터 14억 달러의 투자를 받았고, 이때부터 몸집을 키우며 글로벌 기업들을 상대로 매각 작업을 시작했다.

플립카트가 급성장하는 사회적 배경, 스마트폰 결제

현재 상황과 달리 플립카트가 창업할 무렵인 2008년 당시 인도에서는 전자상거래를 하기 힘든 상황이었다.

일단 인터넷 보급율이 매우 낮았다. 또 결제 수단인 신용카드 발급율도 전 국민의 5%가 되지 않았다. 거기에다 유통망이 제대로 구축되지 않아 배송도 제대로 되지 않았다. 이는 배송업자의 문제가 아닌 도로 사정과 심각한 교통 정체가 그 이유였다.

그래도 최근에 전자상거래가 활성화되는 가장 큰 이유 중 하나는 스마트폰의 급격한 성장이다. 최근 인도에서는 '모바일퍼스트'라는 말이 많이 쓰인다. 인도에서는 80%의 사람이 스마트폰으로 사이트에 접근하고 있다.

결제 방식도 신용카드의 보급율은 낮기 때문에, 캐쉬 온 딜리버리, 즉 물건을 받으면 금액을 지불하는 대금교환이 주류였으나 최근에는 급속히 스마트폰 결제가 이뤄지고 있다.

배송 문제도 크게 개선되고 있다. 사무실에서 아침에 주문하면 당일 저녁에 도착한다. 배달원이 도착하면 한국과 비슷하게 '여기에 사인해주세요'라고 하면서 태블릿을 건네주고 소비자는 사인하고 물건을 수령한다. 매년 시스템이나 배달원의 수준도 올라가고 있음을 실감하고 있다.

상품의 다양성 등 개선할 사항은 아직도 많지만, 이 또한 시간이 흘러가면 자연스럽게 해결될 것으로 보인다.

플립카트의 성장 이유, 적극적인 M&A와 최고의 인재 채용

플립카트가 급성장을 이룬 이유 중 하나는 M&A에 적극적이기 때문이다. 창업 이래, 10개 이상의 회사를 인수했다. 2014년에 대형 인터넷 통신 판매 회사인 의류 판매 전문기업 민트라(Myntra)를 3억 3,000만 달러에 인수하여 손에 넣었다. 2016년에는 마찬가지로 자봉(Jabong)을 7,000만 달러로 매수, 또 같은 해 모바일 결제 기업인 폰피(PhonePe)를 인수했다.

M&A를 통해 회사를 크게 키워나가는 방식은 미국 IT 기업들이 주로 사용하는 방식이다. 시스코도 구글도 페이스북도, 인수와 인수를 거듭하면서 스타트업에서 단기간에 대기업으로 폭발적으로 성장

해나갔다. 한국의 스타트업은 M&A에 소극적인 기업이 많기 때문에 폭발적인 성장을 이룬 기업이 적다.

하지만 인도의 M&A는 미국에 가깝다고 말할 수 있다. 이러한 대담한 행위가 가능한 것은 앞에서도 말했듯이 액셀 파트너스와 같은 유럽이나 미국의 대형 VC가 모여 있고, 인도의 스타트업에 투자를 하고 있기 때문이며, 스타트업 측도 그것을 잘 활용하고 있기 때문이라고 할 수 있다.

M&A뿐만 아니라, 우수한 인재를 확보하는 데도 적극적이다. 플립카트는 매년 IIT나 IIM의 졸업생을 100명 이상 채용하고 있고, 최근에는 채용 규모를 늘려 연 200~250명 정도 채용하고 있다. 또 하버드대, 스탠퍼드대, 펜실베이니아대 같은 미국의 상위 비즈니스 스쿨 졸업생 채용을 위한 노력을 강화하고 있다.

중요한 포지션에는 미국 구글 등 주요 기업 인재를 헤드헌팅하고 있다. 스카우트한 인재는 10억 원 이상 연봉을 지불하는 경우도 있다. 급성장하기 위해서는 거금을 들여서라도 인도 국외에서 우수한 인재를 확보하는 것이 꼭 필요하기 때문이다.

인도의 스타트업, 인도는 좁다.
해외 시장으로!

인도 스타트업들의 글로벌 진출이 활발하게 이뤄지고 있다. 인도는 최근 몇 년간 유니콘 기업으로 성장한 스타트업뿐만 아니라 다수의 스타트업들이 자국에서 시작한 서비스를 가지고 해외로 진출하고 있다.

그중 우버와 비슷한 '올라(OLA)'는 호주 브리즈번, 골드 코스트 그리고 캔버라에서 최근 서비스를 시작했다. 호텔 체인 브랜드 '오요룸'은 인도를 제외한 말레이시아, 네팔의 230개 도시에서 오요룸 서비스(OYO Room Service)를 시작했고 중국을 포함한 다른 시장으로 확대할 예정이다. 뿐만 아니라 안경 소매점 '렌즈카트'는 주 무대를 아시아 국가로 확대할 계획이다.

인도 스타트업들의 이 같은 해외 진출 러시는 회사가 직접 개발한 플랫폼을 통해 고객을 유치할 수 있는 능력에 대한 확신과 자신감이 더해졌기 때문이다. 특히 올라는 우버와 인도 시장에서 격렬한 점유율 경쟁에서 우위를 차지하며 자신감을 키웠다. 오요의 경우 기존에 없던 시장을 만든 경험이 해외 진출의 자신감으로 나타나고 있다. 이러한 인도 스타트업들의 해외 진출에 대해 소비자 컨설턴트인 아닐 쿠마르(Anil Kumar)는 이렇게 진단했다.

"인도 시장의 규모가 커지고 있고 인도에서 기업 활동을 하면서 발생한 다양한 문제 해결 능력이 해외 시장에서 사업을 추진하는 데 아주 좋은 솔루션이 되고 있다. 따라서 이러한 시장 진출이 활발해지고 있다."

동남아·서남아 등 지역 소비자의 행동과 사고 방식은 인도와 유사해 인도 스타트업들에게는 안성맞춤이다. 또한 시장이 불안정하고 작기 때문에 자본과 노하우를 겸비한 인도 스타트업들에게 더없이 좋

말레이시아·네팔의 230개 도시에 서비스하는 호텔 체인 브랜드 '오요룸'. 이 브랜드의 창시자는, 놀랍게도 22세의 대학생이다.

은 지역이 이 지역이기 때문에 스타트업들의 진출이 활발하다.

위에 소개한 기업 중 유니콘 기업인 '올라(OLA)'는 미국 우버 같은 스마트폰 앱에 의한 배차 서비스 사업을 전개하는 인도기업이다. 2010년 12월에 IIT 뭄바이의 졸업생인 바비시 아가왈과 안킷 파티(Ankit Bhati)가 뭄바이에서 창업한 회사로, 현재는 방갈로르에 본사를 두고 있다.

창업자인 아가왈은 마이크로소프트 리서치 인도에서 연구자로서 2년간 근무 후 창업, 소프트뱅크 등에서 2억 1,000만 달러의 투자를 받아 2011년에는 경쟁 기업인 택시포슈어(TaxiForSure)를 2억 달러에 인수해 급성장을 이뤘다. 2017년 말 기준으로 인도 110개 도시에서 서비스를 제공하고 있으며, 시가 총액은 약 50억 달러다. 2017년에 텐센트, 소프트뱅크 등으로부터 11억 달러의 추가 투자를 받았다.

2013년 8월에 인도에 진출한 우버와 치열한 경쟁을 벌였으나 현재는 우버보다 높은 경쟁 우위를 차지하고 있다. 지금은 올라가 진출 도시나 오토 릭샤(소형 삼륜 택시) 등에서 높은 시장 점유율을 보이고 있지만, 미래는 모른다. 우버는 중국에서는 디디추싱과 경쟁에서 패해 철수한 바 있어, 미국에 이어 두 번째 규모인 인도 시장에서는 뒤로 물러서지 않는 각오로 공격적인 투자를 선언하고 있기 때문이다. 또 2016년에는 방갈로르에 개발 거점을 설치하고, 인도 내수용뿐만 아니라 글로벌 개발 거점으로서 역할을 강화해나가고 있다.

올라, 우버의 보급은 방갈로르 생활에서 획기적인 편리성을 제공하고 있다. 원래 방갈로르를 비롯해 인도에서는 택시를 길에서 쉽게 잡을 수 없었다. 잡았다 해도, 택시 운전기사는 지도를 가지고 있지 않기 때문에 목적지를 찾을 수도 없었다. 게다가 영어도 통하지 않아서 목적지를 이야기할 때도 힘들었다. 요금 정산 시에는 돈을 주고받는 것이 몹시 힘들어 대부분 거스름돈은 포기한다고 생각하면 편한 것이 인도에서 지내는 외국인의 일상이었다. 그런데 올라와 우버가 이 문제를 한 번에 해결해준 것이다. 목적지를 스마트폰의 앱으로 지정하여 차를 부르기 때문에 목적지를 설명할 필요도 없고 목적지에서 하차하기만 하면 된다. 아무것도 말하지 않아도 된다. 정산은 전부 앱으로 가능하다. 하차 후에 드라이버와 승객이 상호 평가하는 기능도 있어 서비스 질은 날로 향상된다. 게다가 싸다. 오히려 사용하지 않는 것이 이상한 일이다.

최근, 우버 기사에게 한 달에 어느 정도 버느냐고 물어본 적이 있다. 실수령액으로 7~8만 루피(120만~130만 원)라는 것이었다. 이것은 인도 IT 서비스 기업 대졸 신입 사원 급여의 1.5배 이상이다. 여러 가지 크고 작은 문제가 발생해 언론에 기사화되고 있지만 이 때문에 서비스가 사라지는 일은 없을 것이다.

최근 비즈니스가 점점 진화에 진화를 거듭하고 있다.

우버가 설립한 온라인 음식 서비스 우버 이트(Uber Eats)가 화제가 되고 있다. 우버 이트는 인도에서 월 50%씩 성장하고 있다. 우버 이트는 2017년 5월 콜카타에서 시작해 현재 뉴델리와 뭄바이를 비롯한 13개 도시에 진출했다. 우버 이트는 2018년 5월 현재 인도에서 1만 2,000개의 식당과 제휴를 맺었고 매일 40개씩 제휴 식당을 추가하고 있다.

우버 이트가 등장하기 전 인도에서는 대표적인 식당 예약 앱 조마토가 운영하는 온라인 음식 주문 서비스가 존재했다. 조마토는 2016년 온라인 주문 서비스를 코임바토르 지역에서 시도했으나 주

스마트폰 앱에 의한 배차 서비스 사업을 하는 인도 기업 '올라'는 미국의 우버와의 경쟁에서 우위를 차지하며 택시앱 1위에 올라섰다.

문량이 많지 않아 사업을 접은 바 있다. 우버 이트는 조마토가 실패한 원인을 철저히 분석해 2017년 본격적인 사업을 시작했다. 우버 이트는 대도시를 비롯해 중소도시에는 최근 신규 식당과 프랜차이즈 식당이 급격히 증가하고 있는 사실을 목격하고 조마토가 놓친 사업 기회를 면밀히 분석해 새롭게 런칭했다.

우버 이트의 사업 구조는 식당 파트너들로부터 최대 30%의 수수료를 부과하는 방식이다. 우버 이트와 우버 택시 사업 모두 동일한 엔지니어링 팀을 활용해 효율성을 높이고 있다. 최근에는 빅데이터 기법을 활용해 특정 지역에서 택시 타기, 예약 밀도와 같은 데이터를 활용해 이를 레스토랑 데이터와 결합해 해당 지역의 잠재 수요를 예측하고 있다.

최근 차량 공유 사업자인 올라도 우버 이트의 성공에 자극받아 음식 배달 앱 푸드 팬더를 인수해 사업에 뛰어들었다.

4차산업혁명을 이끄는
세계 최대 빅데이터 전문 기업 '뮤 시그마'

기존 인도 유니콘 기업들과 달리 뮤 시그마(Mu Sigma)는 글로벌을 대상으로 비즈니스를 펼쳐 세계 최고의 기업으로 성장한 회사다. 이 회사의 본사는 미국으로 알려져 있지만 본거지는 방갈로르다.

이 기업은 디시전 사이언스(과학적 의사 결정 방법)&빅데이터 분석을 다루는 기업이다. 최근 몇 년간 인도 IT 서비스 기업 대부분이 빅데이터 분석에 몰두하고 있는 가운데, 뮤 시그마는 이 부분에서 세계 최고 수준으로 평가받고 있다.

구체적으로는 리테일 비즈니스(마트 등 소매업)나 물류 등, 10개의 비즈니스 분야의 빅데이터 분석에 근거한 컨설팅을 하고 있다. 종래에 인도 IT 서비스 기업은 주로 소프트웨어 개발의 서비스를 제공하고 있었다. 하지만 이 회사는 데이터 분석을 제공하는 전업 메이커라는 매우 독특한 포지셔닝을 가진 회사다.

창업은 2004년. 창업자의 디라지 라자람(Dhiraj Rajaram)은 첸나이에 있는 유명대학 안나대학교를 졸업 후 타타 컨설턴시 서비스(TCS)에 입사했다. 그 후 미국 유명 비즈니스 스쿨을 나와 미국 컨설팅 회사에서 근무했다. 그는 인도에 돌아와 2004년에 창업했고 사업 아이디어를 혼자 다듬었다. 그리고 4년 후인 2008년 투자가들로부터 투자

인도에는 IT 기술을 배우려는 교육생이 100만 명 이상 학원에 등록하고 있다. 인도 하이데라바드 IT 교육단지 아미르펫

를 받아 본격적인 활동을 시작한 것이 빅데이터 분석 사업이었다.

그리고 현재 유니콘 기업 대열에 합류하고 있다. 미국 「포춘」 선정 500대 기업 중 무려 140개 사가 뮤 시그마의 고객이고, 애플이나 월마트 등의 유명기업도 다수 포함되어 있다.

인도 유니콘 기업으로는 최초로 이익을 낸 회사로 알려져 있다. 2016년에는 창업자가 CEO에서 내려왔지만, 다시 복귀해서 지속적인 이익을 내고 있다.

현재 약 3,500명의 직원 중 3,000명의 과학적 의사결정 분야 연구원들은 방갈로르에서 빅데이터를 분석하고 있다. 놀라운 것은 직원들의 평균 연령인데, 25세가 되지 않는다. 즉 오랜 세월 빅데이터의 분석 분야에 종사한 전문가가 분석하는 것이 아니라, 전문지식이 없는 젊은이들이 독자 개발된 방법론과 툴을 이용해서 실시하고 있는 것이다. 최근에도 신입사원을 900명이나 채용했다. 신입사원들은 수 개월의 학습과 트레이닝을 거쳐 바로 분석 업무에 종사하게 된다. 인도인뿐만 아니라 미국의 유명대학의 졸업생도 채용해 방갈로르에서 트레이닝을 하고 있다.

일감을 맡기는 입장에서 본다면 경험이 없는 사람에게 데이터 분석을 맡기는 것이 가능할까? 창업자 디라지는 이렇게 말했다. '지식은 의미가 없다. 중요한 것은 학습과 수학이다.' 그의 이러한 정신은 기업 슬로건에 그대로 녹아 있다.

'Do the Math(수학 공식처럼 뻔하다).'

쉽게 말하면, 격심한 변화의 세계에서 중요한 것은 학습하는 것이며, 수학적 데이터를 분석하는 것이다. 과거의 경험법칙에서 생각하려고 하면 잘못된 견해를 만들어버린다는 것이다.

우리나라를 비롯해 많은 기업들은 과거 경험, 노하우를 기본으로 전략을 결정하는 것이 흔하다. 특히 우리나라는 연공서열이 뚜렷해 오랜 기간 기업에 봉사하고 공을 거둔 사람이 승진하고 의사 결정권을 갖게 되는 경우가 많다. 하지만 기술이나 환경이 급속하게 변화하는 시대에서는 경험이나 지식이 아닌 데이터를 분석하고 그 결과로부터 새로운 것을 배워 판단하는 자세가 중요한 것이다. 뮤 시그마 고객 기업 상당수가 유럽이나 미국 유명 기업인 것을 보면 데이터 분석을 철저히 하는 것이 세계적인 트렌드임을 중시한다는 것을 유추해볼 수 있다.

뮤 시그마에는 한 주제에 대한 빅데이터 분석 요청이 들어오면 담당 팀과 팀원이 배정된다. 그들은 그 주제에 대한 지식·경험은 없

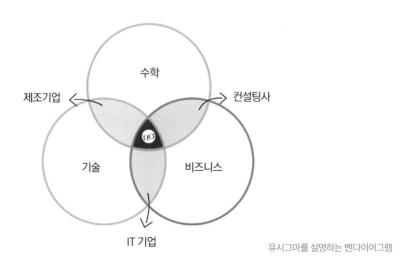

사진: 뮤시그마

뮤시그마를 설명하는 벤다이어그램

지만, 다양한 데이터 분석 방법론이나 툴을 이용해 분석하고 결과를 제시해준다. 소셜미디어나 게시판 등의 데이터도 다른 각도에서 분석해준다. 그 결과를 보면서 여러 가지 논의를 하고 다시 몇 개의 분석을 부탁하면 의외로 새로운 것을 발견해낸다. 사내에서 같은 경험과 배경을 가진 사람들로 경험에만 기반해 논의할 때와 비교하면 확실히 다른 관점으로 분석된 결과가 나오는 것이다.

뮤 시그마의 정말 독특한 점은 직원은 물론 고객도 트레이닝 시키는 것이다. 흔히 일감을 맡기는 기업의 상당수는 자사의 데이터를 순순히 제공하는 것에 대해 그리 내켜하지 않는다. 경쟁사에 정보가 노출되면 곤란하기 때문이다. 나 역시도 글로벌 컨설팅 기업들이 자신들의 솔루션을 세일즈할 때, 회사 이름은 가렸지만 경쟁 기업임을 뻔히 알 수밖에 없는 데이터를 본 경험이 수없이 많다. 뮤 시그마는 거기에 착안해 고객이 자기 스스로 데이터를 분석할 수 있는 힘을 갖도록, 희망하는 고객사에는 방갈로르에서 수개월간 트레이닝을 실시해준다.

현재 세계적으로 빅데이터 분석 인재가 많지 않아 그들 몸값은 상당히 비싸다. 뮤 시그마에서는 젊은 인도 인재가 방갈로르에서 분석 업무를 하기 때문에 비용 면에서도 상당한 경쟁력을 가지고 있다. 그리고 새로운 기술 분야인 만큼 다양한 비즈니스 분야의 데이터 분석을 통해 새로운 분석 방법, 툴 개발이 진행되는 선순환 구조를 가지고 있다.

미국 유니콘 기업에서 두각을 나타내는
인도인 창업자들

/

미국의 싱크탱크인 미국 정책재단(National Foundation For American Policy)은 재미있는 데이터를 공개한 바 있다. 2016년 1월 기준 미국 유니콘 기업 87개 중 51%인 44개 기업은 이민자에 의해 창업되었다는 것이다. 게다가 그 회사의 경영과 연구 개발 분야 요직 75%는 이민자가 차지하고 있다는 사실이다.

이민자에 의해 창업된 기업 44개를 구체적으로 살펴보면 인도 14개, 캐나다(미국) 8개, 이스라엘 7개, 독일 4개, 중국 3개 순이다. 의외로 중국이 적다. 우리나라와 일본 기업은 한 곳도 없다. 인도 출신 인재들의 활약상이 돋보이는 숫자다.

그리고 SAGE(영국 클라우드 회계 소프트웨어 회사)가 2017년 1월에 발표한 자료에 따르면, 세계 유니콘 기업 189개 창업자의 출신교를 살펴보면 스탠퍼드 대(51개)가 1위, 2·3위는 하버드대(37개)와 캘리포니아대(18개)이고, 인도에 있는 IIT(12개)가 4위다. 5위가 MIT와 펜실베이니아대(각 9개), 7위 옥스퍼드대(8개)다. 안타깝지만 한국 대학은 리스트에 올라가 있지 않다.

IIT는 인도에서 최고의 대학이다. 하지만 세계 대학 순위에서 보면 최고 수준은 아니다. 그럼에도 창업자를 만들어내는 능력에서는 최고 수준이다.

이름처럼 드라마틱한
유니콘 기업 '앱다이내믹스'

／

앱 성능을 관리하는 솔루션 제공 기업 앱다이내믹스(AppDynamics)는 급성장 중인 유니콘 기업이었다. 2017년 1월에는 나스닥에 IPO(상장)가 예정되어 있었다. 약 19억 달러로 기업 평가가 이뤄져 상장이 예정되었지만 IPO 직전 시스코에 37억 달러에 매각된다는 발표가 나왔다.

앱다이내믹스의 창업자 조티 반살(Jyoti Bansal)은 1999년에 IIT 델리에서 컴퓨터 사이언스를 전공한 후, 2000년에 미국에 건너가 스타트업 등에 근무하면서 7년 뒤 영주권을 획득했다. 그는 2008년 인도인 친구와 샌프란시스코에서 앱다이내믹스를 창업했다. 창업 9년 만에 직원 900명을 보유한 회사가 되었다. 2015년에는 방갈로르에 개발 거점을 설치했다.

시스코 측면에서는 2012년 NDS그룹을 50억 달러에 인수한 이후 최대 규모로 IoT와 결합된 소프트웨어 시대로 옮겨가는 시점에 선택한 전략적인 움직임이었다. 시스코 역시 미국 여타 성장하는 IT 기업과 마찬가지로 기업 인수를 거듭하며 성장한 회사다. 인수한 기업들이 방갈로르에 개발 거점을 가지고 있는 경우가 많고, 인수 이후 인도에 있는 거점 규모도 확대하고 있다.

기술자를 만드는 인도의 IT 교육
Vs. 창업자를 만드는 영국의 IT 교육

제니 방적기에서 시작한 증기기관과 기계혁명으로 대표되는 1차산업혁명은 섬나라 영국을 전 세계 영토의 4분의 1을 지배하며 패권을 거머쥘수 있게 만들었다. 그 결과 세계인은 공용어로 영어를 사용하기 시작했고, 영국의 복식인 양복을 입게 되었으며, 이들이 발견한 전자기학을 토대로 현대 전기전자 기기들을 만들었다.

하지만 해가 지지 않던 대영제국도 3차산업혁명 시대에는 미국의 디지털 공룡들이 주도하는 성공을 지켜봐야만 하는 처지에 놓였다. 영국은 산업혁명을 통해 인류의 삶을 바꿔놓았던 경험을 4차산업혁명을 통해 재현하기 위한 국가적인 노력을 경주하고 있다.

이를 위해 디지털 역량 배양을 통한 국가 개조만이 4차산업혁명 시대를 이끌어나가는 원동력이라는 믿음 아래, 세계에서 두 번째로 2014년 9월부터 코딩 교육을 전 학년에 의무화했다.

5세부터 간단한 프로그램을 만들게 되고 11세부터는 프로그래밍 언어를 외국어와 같은 개념으로 배우게 된다. 영국의 코딩 교육의 철학적 핵심은 '스템(STEM)'이다. 즉 과학·기술·공학·수학 등 1·2차산업혁명이 수학과 과학기술의 기반 아래 탄생했듯, 과학과 수학을 바탕으로 코딩을 통해 문제해결 능력과 창의력을 높이고 보유한 지식의 이용 가치를 향상시킨다는 것이다.

영국의 초등학교 앱 제작 교육 과정은 6단계로 구성되어 있다. 첫 번째 단계는 앱 기획 즉, 어떤 앱을 만들고 왜 만들어야 하는지 이유를 찾아낸다. 두 번째 단계는 프로젝트 관리로 팀 구성과 역할 분담, 세 번째 단계는 시장조사를 통해 시장이 요구하는 앱 개발 아이디어를 도출한다. 네 번째 단계는 앱 메뉴 구성과 디자인, 다섯 번째 단계는 우리가 알고 있는 프로그래밍(코딩) 교육, 그리고 여섯 번째 단계는 마케팅으로, 개발된 앱을 시장에 내놓고 알리는 과정이다. 팀을 구성해 시장이 원하는 것을 찾아 그에 맞는 아이디어를 내고 앱을 개발해 판매하는 '시장 지향적' 학습 방법이다. 실습 3시간, 이론 3시간으로 이뤄진 우리 교육과는 다른 접근이다.

영국 BBC가 설립한 코딩 교육 재단 마이크로비트의 매티너(Philip Meitiner)는 이렇게 말했다. "우리는 디지털을 이용해 비즈니스를 하는 창의적 인재를 양성하기 위한 교육을 하는 것이지, 코더를 양성하기 위한 교육을 하는 것은 아니다"라고. 그는 "코딩은 비용이 저렴한 인도에 맡기면 되고, 창의적 활동에 초점을 맞춰 영국의 모든 학생은 무료로 제공된 BBC 마이크로비트를 활용해 IoT 교육을 받고 있다"고 말했다. 다시 말해, 코딩의 근본 교육 목적인 창의적 인재양성과 4차산업혁명의 핵심 중 하나인 IoT 기술을 자연스럽게 체험하도록 하는 것이다.

그렇다면 BBC 마이크로비트 재단이 언급한 인도의 코딩 교육은 어떨까? 인도는 잘 알려진 것처럼 세계적인 IT 강국이다.

바클레이 디지털 개발 지수에 따르면 인도는 미국보다 거의 열 배 이상의 코딩 기술을 가진 인재를 배출하는 나라다. 인도에는 소프트웨어 교육의 허브로 알려진 SAP라는 거리가 있다. 아침 7시 30분부터 IT 기술을 배우려는 10만 명의 교육생들과 함께 이곳의 하루가 시작된다. 이곳 학원에는 현재 100만 명 이상이 등록되어 있다. 한화로 약 600만 원에 육박하는 3~6개월 고가 코스는 물론 몇 만 원짜리 교육도 존재한다.

구글 CEO 순다 피차이, 마이크로소프트 CEO 사티아 나델라, 어도비 CEO 샨타누 나라옌, 하만 CEO 디네시 팔리월 등의 공통점은 무엇일까? 모두 인도에서 태어나 교육받은 인재들이라는 것이다.

하지만 그들 중 창업자는 한 명도 없다. 미국에서도 스타트업을 시작한 창업자 중에도 혼자 창업하는 경우는 매우 드물다. 위험을 회피하고 안정 속에서 자신의 발전을 이루려는 인도인의 성향이 잘 드러난다. 기술과 창의성을 기반으로 창업은 서구인이, 그 사업을 일구고 관리하는 것은 인도인이 맡아서 한다 해도 과언이 아니다.

그럼에도 무엇이 SW 개발에 집중하던 이들을 글로벌 유수의 IT 기업 수장으로 만들어냈을까? 소프트웨어 교육만 보자면 재미없기로는 한국이나 인도가 크게 다르지 않다. 하지만 성공한 인도인들의 특징을 보면 유

인도 하이데라바드 IT 교육 단지 아미르펫

창한 영어, 조직의 갈등을 조절하는 능력, 높은 이해력 등 많은 장점이 있다.

우리와 다른 점이 있다면 코딩 기술과 더불어 제품 중심의 사고와 경험이 그들을 성공으로 이끌었다는 점이다. 화면에만 머무르는 기술이 아닌, 화면 밖에서 구현하는 기술이 이들을 성공으로 이끈 것이다.

전임 에릭 슈미트 반대에도 불구하고 피차이 구글 회장이 크롬 브라우저를 제안해 개발·출시하고 저가의 안드로이드 휴대전화에서 구동되는 크롬 북을 출시해 대성공을 거둔 사례가 이를 증명해 준다. SW 기술에만 집착하지 않는 자유를 발휘했을 때 훨씬 더 높은 성과를 거뒀다는 것이다.

인도인보다 실력이 뒤지지 않는 한국 인재들이 4차산업혁명의 리더로 거듭나려면 소프트웨어와 사물이 연결된 IoT 중심의 교육, 시험과 기술 과시 목적이 아닌, 시장과 소통하는 창의적인 인재를 양성하는 것이 시급하다. 2018년부터 시작되는 전 학년 코딩 의무 교육은 융합적 사고를 하는 인재를 어떻게 양성할 것인지 고민하게 만들었다. 하지만 우리 코딩 교육은 코딩 본연의 '컴퓨터적인 사고(Computational Thinking)'로 대표되는 논리력을 기르는 것보다는 입시에 맞춰진 코딩을 암기하는 방식으로 움직이고 있는 것이 현실이다. '대학 입시를 위해 무엇이든 한다'는 점만 우리가 인도와 꼭 닮은 점이라는 현실이 안타깝다.

인도 스타트업의
강점과 가능성

/

인도 이민자가 키워낸 미국 유니콘 기업의 실적을 살펴보면 놀랍다. 하지만 인도 국내로 돌아온 인도인의 잠재력은 아직 폭발하지 못하고 있다. 그래도 가능성을 지닌 인도인이기에 그 가능성은 언젠가 크게 발휘될 것으로 보인다. 아니, 지금 가능성을 하나하나 보여주는 것이 인도다. 인도인 창업자들이 미국에서 거둔 실적, 인도 국내 유니콘 기업의 수를 살펴보면 의심의 여지가 없다.

인도 스타트업들의 특징 중 하나는 '세계를 무대로 꿈을 펼치라'는 것이다. 한국 스타트업들은 좁은 한국 시장을 놓고 경쟁하지만 인도 스타트업들은 인도뿐만 아니라 글로벌을 지향하고 있다.

2018년 초에 실시된 한 연구에서 드러난 인도 신규 스타트업들의 매출처 70% 이상이 유럽과 미국 등 해외라는 사실을 비춰봐도 알 수 있다. 인도 IT 서비스 산업은 글로벌에 서비스를 제공해 거둬들인 수입만 따지면 2017년 기준 1,300억 달러를 넘겼다. 그렇다면 자체 개발 소프트웨어 상황은 어떨까? 만일 인도가 마이크로소프트 같은 미국 IT 기업체와 같이 소프트웨어 기획부터 시작해 제품화까지 가능하다면 정말 엄청난 경쟁력을 갖추게 될 것이라는 사실은 모두 공감할 것이다.

방갈로르에서 비행기로 네 시간 정도면 UAE(아랍에미레이트) 두바이에 갈 수 있다. 그곳에는 약 300만 명 정도의 주민이 있다. 그중의 약 40%가 인도인이다. 나의 동료 직원의 외삼촌이 두바이에서 야채를 거래하는 스타트업을 창업해 운영하고 있는데, 물건을 에티오피아에서 재배해 가져와 판매하고 있었다. 두바이뿐만 아니라, 중동에는 많은 인도계 주민이 사는 도시가 적지 않다.

또 중동은 아프리카와 많은 교류를 하고, 인도계도 많이 거주하고 있어서 새로운 형태의 스타트업을 전개하기 쉬운 토대가 마련되어 있다. 토대가 있으니 글로벌 사업을 전개하기가 우리보다 상대적으로 쉬운 것은 어쩌면 당연하다.

그렇다면 인도 스타트업의 특장점은 어떤 것이 있을까? 인도 사람들 스스로 생각하는 자신들의 장단점에 대한 평가는 다음과 같다.

'오랜 기간 인도 IT 서비스 기업은 유럽이나 미국의 하청 일을 하고 수동적인 자세로 일을 해왔기 때문에 새로운 발상보다 시키고 주어진 대로 일을 한다.'

'창의력이 빈약하고, 복사와 붙여넣기(Copy & Past) 같은 제품이 나오기 쉽다.'

즉 많은 인재가 있어도 창업가 정신이나 아이디어 부족으로 기획력과 추진력을 갖춘 인재가 없다는 것이 큰 고민이다.

하지만 이런 인도인의 고민과 실상을 이야기하는 한국인이 참 많은데, 내가 지적하고 싶은 건, 숲을 보지 못하고 있다는 점이다. 인도에는 젊고 도전 정신이 있는 IT 인재가 여기저기에 있고, 우리나라와는 달리 실리콘밸리에서 경험을 쌓은 인재도 많다.

오히려 한국사람들의 가장 불만 요인 중 하나인 사회 인프라가 정비되어 있지 않은 점 정도가 해결해야 할 과제가 아닌가 싶다. 거기에 정부 규제가 복잡하고, 허가에 시간이 걸리는 것도 문제로 지적된다.

하지만 이런 상황을 잘 아는 인도 정부는 이러한 문제 해결을 위해서 이미 팔을 걷어 올렸다.

스타트업 인디아, 스탠드업 인디아

인도 정부는 2016년 1월에 '스타트업 인디아(Start Up India)'를 선언하고, 스타트업이 성장하기 쉬운 환경을 만들기 위해 19개 항목의 세부 계획도 발표했다.

예를 들어 모바일 앱을 이용해서 하루 만에 법인 설립, 컴플라이언스(법령 준수) 감시를 위한 자기 신고제, 저렴한 비용의 신속한 특허 심사, 또 신속한 청산 절차를 가능하게 만드는 제도 등이다.

자금 면에서는 4년간에 1,000억 루피(약 1조 7,000억 원)의 VC 펀드에 투자, 스타트업 기업의 법인세 3년 감세, 정부가 인정한 펀드 투자에 대한 감세 정책을 내놓았고 대학이나 연구기관과 협력하여 31군데의 이노베이션 센터, 7군데의 연구 거점도 설립했다. 이 밖에도 각종 창업 관련 이벤트를 개최하고 있다.

이렇게 스타트업 성장 조건이 계속해 갖춰진다면 새로운 스타트업이 지속적으로 나오지 않는 것이 오히려 이상한 일이 될 것이다.

인도의 스타트업이 유망하지 않다면 세계적인 IT 기업이나 벤처 캐피탈이 앞다투어 투자하는 일은 없을 것이다. 그만큼 전망이 밝은 스타트업을 가진 인도인 경영진과 IT 기술이 뛰어난 인재들이 인도 스타트업을 이끌어가고 있다.

앞으로 10년 후 인도 스타트업들은 아마도 지금 불고 있는 전 세계 4차산업혁명의 물결을 가장 먼저 헤쳐나가지 않을까?라는 생각을 해본다.

'인도는 신흥국이지만 고급 IT 인재가 풍부한, 세계 유일의 나라다.' 이러한 인재와 시장이 있기에 인도의 10년 후가 정말 기대된다.

제6장

4차산업혁명을 위한 모든 길은
방갈로르를 향한다

인도의 다양성은 혁신을 일으키는 것에 큰 역할을 한다. 법률상 금지되었으나 아직 남아 있는 카스트 제도, 그리고 다양한 종교의 신자가 공존하는 나라. 29개 주 7개 연방 직할령이 있고, 각 지역마다 문화가 다르고 공용어도 다르다. 카레로 대표되는 음식 또한 지역에 따라 요리법이 완전히 다르다. 이런 복잡한 상황과 다양한 사고방식을 가진 사람들과 현지에서 직접 맞부딪혀 그들의 니즈를 이해해간다면 혁신적 상품과 서비스를 만들어낼 수 있을 것이다. 하지만 인도에서 활발히 움직이는 한국 기업을 찾아볼 수가 없다. 이번 장에서는 한국 기업이 인도에 진출하고자 할 때 꼭 알아둬야 할 전략을 소개하고자 한다.

IT를 품은
방갈로르의 매력에 빠져볼까?

/

세계의 일류 IT 기업들은 왜 방갈로르에 거점을 두고 일을 할까?

세계 최첨단의 IT 기술이 모여 있어 원하는 모든 일이 가능하다

지금 인도 IT 서비스 대기업들은 유럽, 미국 IT 대기업들이 하고자 하는, 최첨단 IT 기술로 구현 가능한 업무에 대한 백업 기능을 담당하고 있다. 따라서 기술력이나 글로벌 시장 트렌드, 다양한 지식과 경험 등 노하우가 축적되어 있어 상당히 높은 수준의 업무가 가능하다. IT 기술은 급격히 변화하고 있으나 오히려 그 변화가 인도, 특히 방갈로르의 실력을 키워주고 있다.

인도에 거점을 두지 않아도 업무를 위탁하는 것은 가능하나 방갈로르에 거점을 두는 것이 더 현명한 판단일 것이다.

세계의 IT 트렌드를 빠르게 알 수 있다

스마트폰이 대세로 성장할 무렵 방갈로르에서는 아직 걸음마 단계였던 안드로이드 관련 많은 제품이 개발되고 있었고 그 후 얼마 지나지 않아 안드로이드가 스마트폰 세계를 제패했다. 만일 세계 IT 기술이 어디를 향해 가는지 알려면 바로 방갈로르가 최적의 장소다. 방갈로르에서 입수하는 정보가 미래 IT 트렌드 방향을 알려주게 될 것이다.

원하는 IT 기술자를 원하는 대로 고용할 수 있고 비용 절감이 가능하다

방갈로르에 거점을 둘 경우 높은 기술력을 가진 엔지니어 수백 명을 단 몇 개월 안에 고용하는 것이 가능하다. 이런 것이 가능한 지역은 세계에서 방갈로르 외에 찾아볼 수 없다.

비용 면에서, 특히 달러 대비 루피화가 계속 저평가된다면 인건비의 상승에 대한 염려 없이 미국의 몇 분의 1의 비용으로 고용을 지속할 수 있다. 만일 경제특별지역(SEZ)에 거점을 만든다면 법인세 면세 등의 혜택도 받을 수 있어 실질적인 비용을 더욱 더 줄일 수 있다.

글로벌 인재를 쉽게 고용할 수 있다

구글이나 마이크로소프트, 어도비 시스템 등 세계적인 일류 IT 기업에서 인도인이 고위직을 맡는 것은 더 이상 특별하지 않은 시대가 되었다. 그러한 많은 엘리트는 인도에서 태어나 인도의 대학에서 배운 후, 실리콘밸리에서 활약하고 있다. 방갈로르에 거점을 두는 것만으로도 인도 대학에서 이러한 원석을 확보할 수 있다.

시장으로서 매력이 넘치는 곳이다

시장으로서 인도는 매력적이다. 선진국뿐만 아니라 중국이나 브라질 등의 신흥국 시장도 부진을 면치 못하고 있지만 인도 시장만큼은 강력히 성장하고 있다. GDP 성장률은 7~8%를 넘어 인도는 세계의 주요국 중 가장 높은 성장을 해내고 있다.

뿐만 아니라 인구도 점점 늘어날 것이 예상되고 시장이 더욱 확대될 것은 확실하다. 이러한 점에 매력을 느껴 세계적 기업들이 방갈로르에 거점을 두고 있다.

역할과 기능은 각 회사마다 다르지만 글로벌과 신흥 시장을 대상으로 전략 거점 역할을 하는 곳이 방갈로르다.

한국 스타트업 발전과
성장의 해답이 인도인 이유

한국 기업은 중국 진출에 대해서 성공담과 실패담 모든 것을 가지고 이야기한다. 하지만 분명한 것은 최근 들어 중국에 대한 매력을 크게 못 느끼는 기업들이 많아졌다는 것이다.

정치적인 측면에서 중국과 거래 리스크도 점점 커지고 있다. 또한 중국은 인도와 달리 글로벌로 진출하기 위한 교두보가 되지 못한다. 기업에게는 중국이 곧 최종 목적지가 될 수밖에 없는 구조이기 때문에 중국도 그것을 빌미로 여러 가지 이해하기 힘든 조치를 취해 많은 기업이 중국에서 힘겨운 비즈니스를 하는 경우도 많다.

최근 중국을 피해 베트남으로 향하는 기업도 많지만 대부분 제조업이다. 그러나 베트남 자체가 시장이 되기엔 시간이 더 걸릴 것이다.

한국의 스타트업 문화는 2013년에야 본격적으로 시작된 반면, 미국 실리콘밸리는 1950년대에 시작되었다. 한국의 많은 스타트업들이 실리콘밸리에 진출을 시도하고 있으나 성공한 기업은 거의 찾아보기 힘들다.

스타트업 종주국인 미국은 현실적으로 진출하기 어렵다는 사실은 인정할 수 있지만 우리보다 스타트업의 역사가 짧은 이웃나라 중국에 진출해 성공을 거두고 있는 한국 스타트업도 찾기 어렵다.

최근 몇몇 스타트업 기업이 중국이나 실리콘밸리 대신 뷰티와 엔터테인먼트로 동남아에 진출했다. 국가별로 살펴보면 인도네시아는 지속적으로 성과가 나지 않고 있고, 필리핀은 시장도 작고 정치적으로 불안정하다. 다른 동남아 국가들 사정도 이와 마찬가지로 시장 개발이 덜 되었거나 너무 작은 것이 현실이다. 이 때문에 베트남이(정치적 안정성, 빠른 성장성) 가장 희망적인 나라로 부상하며 우리 기업들의 진출이 활발하다. 동남아는 궁극적으로 시장이 될 수 있지만 한국 스타트업에게는 제3의 길이 될 수는 없다.

결국 인도가 한국 스타트업 생태계의 발전과 성장에 대한 해답이자 제3의 길이다.

인건비 측면에서만 놓고 보자면 인도보다도 싼 베트남도 있고 다른 지역도 있다. 그러나 인도에는 나머지 나라가 대체할 수 없는 것들이 있다. 우선 고도의 IT 기술력이다. 최근 중국이나 베트남에도 IT 서비스 기업들의 기술력이 크게 성장하고 있지만 인도의 IT 기술력은 상상 이상으로 높다. 또한 IT 기술자의 수도 훨씬 많다. 2017년 현재 인도 전체의 IT 기술자는 370만 명에 달하며 매년 이공계 졸업생이 100만 명 배출되고, 그중에서 20만 명이 IT 업계에 종사하고 있는 상황이다. 필요에 따라 연간 1,000명 이상 기술자 고용이 가능한 곳도 바로 인도다.

인도의 IT 서비스 기업은 수만 명 정도 규모는 당연하며 10만 명을 넘는 기업도 5개나 된다. 인도에 진출한 다국적 기업도 수만 명을 고용하고 있는 곳이 몇 군데나 된다.

이것은 10억 이상 인구를 가진 중국에서도 할 수 없는 일이다. 중국의 최대 IT 서비스 대기업인 팩테라(Pactera)나 뉴소프트의 중국 직원 수는 2만~3만 명 수준이다.

한국에서 제품이나 서비스를 차별화하는 것은 어렵다. 더군다나 한국에 있으면 선진국 사용자를 염두에 둔 사고를 가지고 제품을 개발하기 때문에 품질은 좋지만 뭔가 아쉬운 것이 있다. 시장도 작고 선진국에서는 아직까지 고급 제품으로 인정받지 못해 제값 받는 것도 힘들다.

선진국의 눈과 니즈로 제품을 만들면 신흥국이나 개발도상국을 포함한 전 세계에서 원하는 혁신적 제품을 만들기 어렵다. 세계 사람들이 원하는 혁신은 좀 더 근본적인 문제를 해결하는 것이다.

세계 사람들이 반기는 혁신을 탄생시키기 위해서는 우리나라 밖으로 나가서 만들어야 한다. 인도가 왜 최적의 장소인지 살펴보자. 인도는 모든 것이 힘든 곳이다. 한국과 정말 다른 세상을 경험하게 될 것이고 한국과는 정반대의 환경이 기다리고 있을 것이다. 빈곤과 공기·수질오염 같은 환경오염, 불충분한 인프라 시설, 거기에 더해 정치부패 등 문제는 산더미이다. 일상생활에서도 비위생적인 것을 팔고 있거나 한국에 있을 법한 편리한 도구가 없거나 서비스의 질이 낮거나 여기저기서 불만족스러운 것들이 주변을 꽉 채우고 있다.

그런데 이런 불만족스러움을 불편함으로만 느낀다면 기회는 보이지 않을 것이다. 불만족을 기회로 인식할 때, 모든 것이 비즈니스 기회로 보일 것이다.

이러한 환경에 적응해 눈을 크게 떠 주변을 살펴보면 비즈니스로 탄생시킬 것들이 눈에 들어올 것이다. 인도의 좋은 점은 무엇을 해결하고자 할 때, 수단과 방법이 있다는 것이다. 해결의 수단으로 쓸 수 있을 기본적인 틀은 존재한다. 이런 나라는 인도 외에는 없다.

인도의 다양성 또한 혁신을 일으키는 데 큰 역할을 한다.

인도는 법률상 금지되었으나 아직 남아 있는 카스트 제도와 힌두교·자이나교·이슬람교·크리스트교·불교 등 다양한 종교의 신자가 공존한다. 29개 주 7개 연방 직할령이 있고, 각 지역마다 문화가 다르고 공용어 또한 다르다. 카레로 대표되는 음식 또한 지역에 따라 요리법이 완전히 다르다. 이런 복잡한 상황과 다양한 사고방식을 가진 사람들과 현지에서 직접 맞부딪혀 그들의 니즈를 이해해간다면 혁신적 상품과 서비스를 만들어낼 수 있을 것이다.

사드가 만든 갈등을 겪으며 우리는 중국의 민낯을 보게 되었다. 중국은 주변국들에게 그들의 이익과 안보에 위협이 된다고 생각하면 정치 경제적 압박과 더불어 때론 무력 사용까지 언급하고 있다. 또 언론도 나서 여론을 자극하고 때론 상대국 대상으로 모욕적 발언도 서슴지 않는다.

최근 이러한 중국을 견제할 유일한 나라로 인도가 주목받고 있다. 인도와 중국은 인더스와 황하 문명의 발상지이자 수천 년 동안 문화를 교류했던 이웃이지만 지금은 적대 관계다.

무력 충돌이 발생했던 중-인도 국경 도클람(중국명 둥량)에선 최근 양국이 군사력을 크게 증강하고 있어 긴장감이 고조되고 있다.

중국 관영「환구시보」는 사설에서 '미국의 비위는 맞추기 힘들다. 인도는 한국을 교훈으로 삼아야 한다'는 자극적 내용으로 인도에 미·중 간 전략적 균형을 지키라고 경고했다.

이에 인도는 굴하지 않고 국경에 중국을 겨냥한 순항미사일을 대거 배치했고 심지어 중국 전역 대상 핵탑재 ICBM을 배치했다. 또 이를 비난하는 중국을 향해 "우리 영토에 우리 자산을 어떻게 배치하느냐는 우리 마음이고 중국은 자신의 일에나 신경 쓰길 바란다"고 일축해버렸다.

경제·군사 강국 중국과 인도는 많은 인구, 거대한 농촌과 도시, 떠오르는 경제, 이웃국들과 갈등을 포함해 몇 가지 유사한 특성과 문제점을 가지고 있다. 양국의 첨예한 정치군사적 대립은 국경 문제 하나만이 아닌 다음과 같은 다양한 요인으로 복잡하게 얽혀 있다.

국경선 미확정 문제

두 나라는 약 3,488km에 달하는 확정되지 않은 국경선을 가지고 있다.
1962년 전쟁으로 중국이 점령한 북서부 카슈미르 악사이친(신장에 편입)
과 1967년 전쟁으로 인도가 점령한 북동부 아루나찰 프라데시 외에 중
부 우타라칸드까지 아직 많은 국경선 문제가 해결되지 않은 채로 남아
있다.

잦은 국경 분쟁

국경 분쟁의 중요한 원인은 영국 식민 지배의 유산과 지도에 대한 상반
된 이해에 기인한다.

양국 국경은 히말라야와 티베트 고원으로 세계에서 가장 높고 눈 덮인
거친 곳에 있다. 양국은 서로 유리한 위치를 차지하기 위해 국경 끝까지
도로 등 인프라 구축에 열을 올리고 있고 이로 인한 군사적 긴장은 심화
되고 있다. 북동부 국경에 중국 30만 명, 인도 12만 명 규모의 병력이 배
치됐고 인도는 9만 명의 산악공격부대를 신설해 국경에 배치했다.

달라이 라마와 티베트

1913년 독립을 선언한 티베트는 1950년 중국에 의해 점령됐고 인도는
그것을 인정하지 않았다.

2003년에야 중국을 방문한 인도 수상 아탈비하리는 중국의 티베트 지
배를 인정했다. 1959년 중국에 탄압을 받던 달라이 라마는 추종자들과
함께 인도로 망명해 인도 북부 국경 히마찰 프라데시에 망명 정부를 수
립하고 반중국 활동을 이어가고 있다. 이에 중국은 인도가 티베트 문제

를 일으키고 있다고 비난하며 달라이 라마의 자유로운 활동과 특히 인도 점령지 아루나찰 프라데시(남티베트) 방문을 극력 반대하고 있지만 인도가 최근 달라이 라마를 아루나찰 프라데시 불교행사에 초청해 중국의 강한 반발을 불러일으켰다.

중국의 스테이플드(Stapled) 비자 발행

국경 분쟁이 있는 아루나찰 프라데시와 카슈미르 지역에 사는 인도인이 중국에 방문할 경우 다른 지역과는 달리 중국은 종이조각으로 된 '스테이플드 비자'를 발급해 논란이 일었다. 이는 분쟁 지역 거주자 여권에 정식 비자가 붙게 되면 분쟁지역이 인도의 영토임을 공식적으로 인정하는 것이 되기 때문이다.

인도의 항의로 카슈미르 지역 주민에게는 2011년부터 정식 비자가 발급되고 있지만 아루나찰 프라데시 거주민에게는 여전히 '스테이플드 비자'가 발급되고 있다.

중국으로 기운 부탄과 네팔

부탄, 네팔은 역사, 문화 그리고 경제적으로 인도와 오랜 교류를 하고 있고 정치·경제적으로도 인도영향 아래 있었다.

이 두 나라의 영향력 확대를 노리던 중국은 네팔과 부탄에 2015년 대지진 전후 막대한 경제 원조를 했다. 이에 네팔 수상은 더 이상 인도에만 의지하지 않겠다고 선언했고 이후 중-인도 양국 관계는 더 악화되고 있다.

인도 고립을 위한 중국의 진주목걸이 전략

중국은 미얀마 · 방글라데시 · 스리랑카 · 몰디브 그리고 파키스탄에 경제 원조를 미끼로 항구에 해군기지를 건설하고 연결해 인도를 포위하는 형세로 고립시키는 전략을 취하고 있다.

인도도 이에 맞서 중국과 껄끄러운 일본과 아세안 · 호주 · 미국과 군사적 협력을 강화해 대응하고 있다.

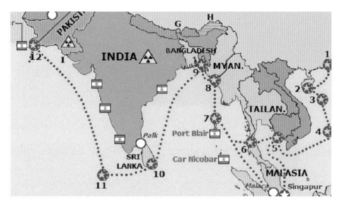

인도를 봉쇄하기 위한 중국의 진주목걸이 전략

중국의 수공 위협

중국은 역사적으로 거의 모든 이웃 국가들과 분쟁을 벌이고 있고 특히 아삼지역 부라마푸라 강 상류에 있는 티베트에 인도가 강력히 반대한 댐을 세우고 수위에 대한 정보를 공유하지 않고 있다. 따라서 인도는 중국의 수공 위험에 맞서 24개의 댐을 건설할 계획을 세우고 있다.

중국의 인도 원자력공급그룹(NSG) 가입 반대

핵 강국 인도는 원자력 수출을 위해 NSG 가입은 필수다. 하지만 중국은 핵무기비확산조약(NPT)에 가입하지 않은 인도의 NSG 가입을 강하게 반대해 인도의 반발을 사고 있다.

테러리스트를 비호하는 중국

인도와 파키스탄은 전쟁을 치열하게 치룬 적성국이다. 따라서 인도는 파키스탄을 테러국으로 지정해 국제무대에서 비난하고 있지만 중국은 파키스탄을 대신해 적극적인 방어 논리를 펼치고 있다. 또 파키스탄이 인도에서 테러를 벌인 알카에다 테러리스트 마수드 아잘을 보호구금이라는 명목으로 자국으로 빼돌리자 UN을 통해 그의 송환을 시도하고 있지만 번번히 중국의 반대에 부딪혀 뜻을 이루지 못하고 있다.

인도와 중국 간 전쟁을 다룬 발리우드 영화 포스터

CPEC(중국 파키스탄 경제 회랑)에 포위된 인도

CPEC는 중국 신장에서 파키스탄 남부 콰다르 항구까지 3,000Km에 달하는 도로와 철도, 에너지망 구축 사업을 계획하고 있다. 이에 중국은 60조 원 이상의 자금을 투입할 예정이다. 지난해 중국은 파키스탄과 콰다르항에 해공군 연합 군사기지 건설에 합의했고 인도는 중국에 포위될 형국에 놓이게 되었다.

이렇듯 양국은 화해로 가기 어려운 것이 현실이다. 그동안 인도를 우습게 여겼던 중국은 인도의 경제성장과 일본·미국·호주와 손잡고 군사적 위협을 가하는 인도에 대해 심한 불안감을 느끼고 있다. 우리가 이러한 양국의 정치·군사적 상황을 이해하고 인도와 협력한다면 일본과 인도의 경제적 밀월도 그들 만의 것은 아닐 것이다. 적의 적은 친구라 하지 않았던가?

글로벌 IT 옴파로스 인도와
인연을 못 만드는 한국의 사정

/

그렇다면 가장 단순하게 이런 기회가 많은데, 왜 한국은 인도에 주목하지 않을까?

그 이유는 오피니언 리더라는 사람들이 인도를 몰라서라고 이야기 할 수 있다. 한국엔 유럽과 미국에서 경력을 쌓은 인재가 많다. 최근에는 중국이나 동남아시아 전문가나 경험자도 많고 심지어 여행을 다녀온 사람들도 많다. 하지만 주변에 둘러보면 인도에 다녀온 사람이 얼마나 될까? 많지 않다.

주재원으로 오는 사람은 하나 둘 늘고 있지만 아직 너무나 적은 숫자다. 인도에 온 사람들이 생각하는 가장 안타까운 점은 인도가 가진 잠재력에 비해 그 중요성을 인정받지 못한다는 점이다. 실리콘밸리 경험과 미국 사정에 해박한 한국인 가운데 인도에 가본 사람은 거의 없다.

실리콘밸리를 대표하는 IT 기업 CEO들은 최근 차례 차례 인도를 방문하고 모디 수상과 면담을 하고 간다. 단순히 인사차 방문하는 것이 아니라 인도가 추진하는 디지털 인디아 캠페인에 동참하기 위해 발빠르게 움직이고 있다. 그에 따라 거점을 만들어 혁신 전략의 중심축으로 삼고 있다.

방갈로르의 투자 비용은 실리콘밸리에 비해 몇 분의 일에 불과하다.

그들은 아는 중요성을 우리만 왜 모를까? 그리고 안다 해도 그 수준은 정말 막연한 수준이다. 참으로 안타깝다.

IT 기술 혁신의 속도는 날로 가속화되고 있다.

·인도를 중국의 10년 전이라고 말하는 사람들이 많지만 인도는 중국과는 전혀 다른 발전을 할 것으로 전망된다. 왜냐면 지금까지 사례가 없으며 최첨단 IT 기술을 가진 신흥국이기 때문이다. 그런 나라는 없다. 그래서 좀 더 주목해야 한다.

IT 분야에서 인도와 뭔가를 한다는 한국 기업은 거의 없다.

미국과 유럽 기업이 적극적으로 인도 IT 서비스 기업을 활용하거나 자사 개발 거점을 설치하고 규모를 확대해가고 있음에도 한국 기업의 움직임은 거의 없다. 4차산업혁명에서 IT 기술 개발의 수요나 인재 부족 등을 고려한다면 인도 IT 업계와 연계를 진지하게 검토해야 한다고 생각하지만 좀처럼 달라지지 않는다.

인도 IT 수출액은 2000년의 약 4억 달러부터 시작해 2017년까지 1,160억 달러로 약 30배 늘어났다. 거의 소프트웨어 관련 수출액이다. 하드웨어 위주의 한국과는 정반대다. 인도 IT 업계의 성장은 세계적인 IT 수요의 확대, 인도의 IT 기술력의 향상, 가격 경쟁력 등의 이유가 있다.

인도가 거래하는 비즈니스의 90% 이상은 미국과 유럽이다. 미국과 유럽 지향 비즈니스가 급격히 확대되는 것만 봐도 미국과 유럽 기업들과는 큰 문제 없이 일이 잘 되어간다는 것을 알 수 있다.

한국이 왜 IT 분야에서 인도와 협력하지 못하는 것인지 그 이유를 살펴보면 다음과 같다.

인도 IT 업계에 대한 정보 부족

그 배경에는 비록 IT 분야가 아니더라도 인도와 인적·경제적 교류가 적기 때문이다. 우선 우리나라 재외동포 현황을 살펴보면 2017년 중국만 해도 250만 명으로 압도적이고, 미국도 240만 명이 넘는다. 베트남이 5만 500명, 필리핀이 9만 3,093명, 타이가 3만여 명, 캄보디아가 1만 89명, 인도에는 캄보디아와 비슷한 수준인 1만 388명이 거주한다. 인구 1,500만 명의 캄보디아와 13억 인구의 인도는 인구 규모만 해도 약 87배 정도인데 교민의 수는 거의 맞먹는다. 다시 말해 캄보디아를 기준으로 겨우 119명밖에 거주하지 않는다는 것이다.

인도는 저비용이고 품질도 좋지 않은 곳으로 생각하고 있다면 그것은 당신이 잘못 생각하고 있는 것이다. 최근 수년간 극적으로 변화하고 있으나 한국에서는 2000년대 초기의 이미지로 보는 사람이 많다. 이것은 전적으로 인도 IT 업계에 관한 이해가 부족한 탓이다. 미국과 유럽에서는 벌써 다 알고 있는 정보다. 인도 IT 업계가 가진 기술과 잠재력, 가능성을 모르고 있는 것은 한국뿐이다.

언어의 문제

확실히 언어에 문제가 있는 것은 틀림없다. 영어로 커뮤니케이션에 자신이 없는 한국인 매니저나 엔지니어가 많은 것도 사실이다. 그러나 대부분의 엔지니어는 영어로 읽고 쓸 수 있으며 어느 정도 영어로 커뮤니케이션 할 수 있는 능력을 가지고 있다. 실전 경험이 없을 뿐이다. 이 문제는 노력하면 극복할 수 있다. 원래 IT의 최신 기술은 영어로 적혀 있고 영어를 피해 IT 기술자로서 활약하는 것은 어렵다. 인도인은 글로벌 경쟁에서 살아남기 위해서 영어를 열심히 익힌다. 생존의 도구로서 최소한 필요한 것이 영어다.

인도 사람 중에 영어가 서툰 엔지니어는 거의 없다. 영어를 못한다면 좋은 대학에 들어가지 못하고 더욱이 IT 업계에는 취직도 할 수 없다. 동향 출신이 아닌 인도인이 있으면 힌디어가 아닌 영어로 대화하는 것이 보통이다.

한국에서 영어에 능통한 사람들은 인도에 가서 굳이 일을 하려고 하지 않고 오직 선진국만 바라본다. 하지만 알아둬야 할 것은 나의 경험상 전 세계에서 영어로 업무를 제대로 해볼 수 있는 곳은 오직 인도뿐이다. 선진국에서는 아무리 영어를 잘한다 하더라도 주류 사회에 포함돼 일할 수 있는 기회를 얻기는 상대적으로 상당히 어렵다.

한국형 글로벌 스탠더드의 문제

아쉽게도 한국은 글로벌 스탠더드에서 확실히 떨어져 있다. 인도는 IT선진국인 유럽·미국 유의 개발 수단을 전부 받아들여, 어떤 의미로 글로벌 스탠더드에 가깝다고 말할 수 있다. 한국의 IT 개발은 내재화를 좋아한다. 시간과 노력을 들여 만드는 개별 개발을 한다.

업무 위탁보다 인재 파견을 선호하는 경향도 있다. 한국 개발자들 사이에서는 빈번히 사전 회의를 행하고 의견을 좁혀가며 상세 내용을 정해나간다. 최근 몇몇 인도 업체들과 일해본 기업들의 이야기를 들어보면 인도가 업무를 진행하는 방식이 체계적이지 않다고 한다. 정말 그럴까?

인도의 기업들은 우리보다 선진 IT 회사들과 일해본 경험이 많다. 자신들이 글로벌 스탠더드라고 말하는 한국 일부 기업들을 보면 자신들의 방식으로 인도 회사가 따라오기만 바란다. 마이크로 매니지먼트를 한다. 그러다보면 우리 문화를 이해하지 못하는 기업들과 일은 영원히 불가능할 수도 있다. 글로벌 스탠더드를 받아들이고 영어를 사용해 개발을 추진하지 못하면 글로벌 IT 기술 혁신에 따라가기 어렵다. 우리 스스로 바뀌어야 한다. 우리가 하는 것은 글로벌 스탠더드가 아닌 코리안 스탠더드다.

인도에 있다보면 한국 기업들이 인도에 진출할 때, 회사 등록이나 설립 등에만 초점을 맞추는 것을 본다. 하지만 더 중요한 것이 있다는 사실을 놓친다. 따라서 나는 몇 가지 중요한 팁을 알려주려고 한다.

한국 기업이 인도 진출 시 꼭 알아둬야 할 기본 전략

인도 진출을 결심한 기업이 실제 인도에서 일하게 될 때, 건물을 얻고 사업장을 준비하는 등, 물리적 환경을 마련하는 것을 제외하고 가장 어려운 일이 무엇일까?

한국 기업이 인도에 진출할 때 뭐니 뭐니 해도 가장 힘든 것이 인력 관련 분야다. 인력 채용과 관리를 위한 몇 가지 팁을 이야기하자면 다음과 같다.

인재 채용과 교육, 연수

경력자 채용은 인력 전문 소개 회사와 소셜 미디어, 구인 사이트의 활용 등 다양한 방법이 있으나 직원이 소개하는 제도를 도입하는 회사가 의외로 효율적이며 좋은 인재를 모으기 쉽다. 또 지속적인 조직의 성장을 뒷받침하기 위해 신규 대졸자 채용은 무척 중요하다. 그렇게 하는 것으로 대학으로부터 우선 캠퍼스 리쿠르팅 일정을 오퍼받을 수 있으며 선배를 통해 후배도 입사하기 쉬워진다. 되도록 인도 각지에서 인재를 모아 좀 더 다양성이 있는 조직으로 하는 것이 바람직하다. 여성 IT 기술자는 커뮤니케이션 능력이 높고 직장에서 적응을 무척 잘한다고 생각한다. 아직 인도가 남성 중심 사회이기 때문에 전문직으로 인정받을 수 있는 IT 업계는 우수한 여성 인력을 확보하기가 쉽다. 또한 신규 대졸자 채용에는 급여조건 외에도, 사내 연수제도 등이 기업의 매력이 되므로 신입연수 · 기술연수 등의 충실함이 중요하다.

업무내용과 경력

인도에서 종신 고용은 공무원 아니고는 거의 없다. 그보다 업무 경력이 중요하다. 특히 전직을 할 때 어떤 업무를 몇 년간 경험을 했는지에 따라 급여나 처우가 정해진다. 하지만 뽑는 것도 문제다.

인도 직원들을 뽑다보면 면접하기 정말 힘들다고 느끼게 된다. 왜냐면 이력서만 봐서는 모든 일을 다 경험했다고 기술한 지원자를 보게 된다. 지원자 본인이 조금이라도 관여된 일이 있으면 해봤다고 이야기 한다. 다시 말해 핵심 능력을 면접 질문을 통해 잘 파악해야 한다.

방법이 있다. 우선 열 가지 일을 해봤다고 하면 그중에 가장 자기 자신이 자신 있게 한 일 세 가지를 물으면 된다. 그럼 자기가 해본 일임을 1차적으로 판단할 수 있다. 그 이후 그 일을 했을 때 일화나 여러 에피소드를 물어보면 쉽게 파악을 할 수 있다.

이직률 관리

인도 IT 업계에서는 세계 경기가 좋을 때 각 회사는 적극적인 채용을 하려고 한다. 따라서 이직률이 높아진다. 경기가 나빠지면 앞날이 불투명하여 인재의 채용을 꺼리기 때문에 이직률은 낮아진다.

반면 물가 상승도 있어 급여는 평균 매년 10% 가까이 올라가게 된다. 이직이 많아지고 그 구멍을 메꾸기 위해 인재를 채용하려고 하면 같은 급여로는 채용이 안 된다. 결국 10~20% 올린 급여로 채용을 하게 된다. 그렇게 되면 직장 내 불공평이 싹트기 때문에 연간 한 번씩 급여조절시기에 연봉협상을 통해 불공평을 조정하게 된다.

또 인도 IT 업계에서는 성과가 낮은 인재에 대해서는 업적개선 프로그램을 통해 회사를 그만두게 하는 것도 많다. 특히 미국, 유럽 기업은 이것을 잘 활용하고 있다. 그러나 인도 IT 업계에서는 구인 인원이 많아 성과가 낮아 퇴직을 당한 사람도 전직을 하면 급여가

10~20% 올라가는 경우도 있다.

물론 이런 이야기는 IT 업계 이야기다. 다른 산업은 채용과 관련해 상당히 신중한데 그것은 노동법이 강해 해고가 어렵기 때문이다. 해고와 관련해 인도에는 이런 말이 있다.

'해고를 위해 법정 다툼을 벌이다 10년 이상이 흘러 정년 퇴직하게 된다'는 웃지 못할 말이다.

인도 IT 서비스 기업과 파트너로 성장하기 위한 전략

/

인도 IT 서비스 기업의 장점은, 전 세계 많은 유명 기업을 고객사로 보유하고 있다는 점이다. 그래서 세계 IT 트렌드나 고객의 니즈를 잘 이해할 수 있다.

인도 IT 서비스 기업은 개발 전부터 IT 결과물에 대해 숙지하고 있는 경우도 많다. 세계 IT 트렌드를 이끄는 미국, 유럽의 기업은 방갈로르에 자사 개발 거점을 두고 여러 분야에서 인도 IT 서비스 기업과 연계하고 있다. 글로벌 IT 기업의 제품을 그 자체로 인도 IT 서비스 기업에 맡긴 경우도 많다. 미국, 유럽 기업의 인도 IT 서비스 기업에 대한 신뢰는 우리와 달리 극히 높다.

인도에 개발 거점을 세우는 것은 한 번에 추진하기 어렵다. 실제로 개발 거점을 세웠다고 하더라도, 인도 IT 서비스기업과 연계는 매우 중요한 전략적 선택이다. 인도 IT 서비스 기업을 잘 이용하면 개발하려는 IT 기술이 갈라파고스처럼 고립되는 것을 막을 수 있는 장점을 가지게 된다.

인도 IT 서비스 기업을 단순히 저비용으로 업무를 대행하는 업체가 아닌 전략적 파트너로 생각하고, 그들이 가진 글로벌 업계 흐름에 대한 정보, IT 기술력, 솔루션 구축력을 전략적으로 활용하는 것이 무척 중요하다.

예를 들어 AI, IoT, 블록 체인 등 파괴적으로 불린 기술이 등장하면, 보통 일반 기업은 사내 TFT를 만들어 조사를 시작한다. 기술이나 트렌드는 어느 정도는 이해할 수 있지만, 확고한 비즈니스 플랜은 만들어 내기 어렵다. 왜냐면 기술 그 자체가 급속하게 변화하고 있고 진화하고 있기 때문이다.

최신 기술은 글로벌한 움직임을 보이며, 세계적인 IT 기업이나 조직이 관여하고 있다. 기술 그것은 대규모의 오픈소스에서 제공되어 날이 갈수록 진화하고 있기 때문에 검토만으로 아무것도 알 수 없고 더더군다나 아이디어는 도출하기도 힘들다.

트라이 앤드 에러 (Try & Error) 전략이 오히려 좋은 전략이다.

그러나 아쉽게도 한국 기업들을 둘러보면 비즈니스 모델을 만드는 데 그리 신통한 능력을 인도에서 발휘하지 못하고 있다.

기술을 이해하고 어떻게 활용할 것인지에 초점을 맞춰야 하는데 어떻게 생산할지에 초점을 맞추고 있다. 또한 비즈니스 모델이 보이지 않는 기술에는 우수한 인재가 배치되지 않고, 어쩌면 그런 인재는 사내에 없다. 그래서 결국은 상태만 파악하는 것이 전부가 돼버리는 것이다. 제조업 기반의 대한민국 기업들이 안고 있는 절박한 숙제 아닌가 싶다.

솔루션이 보이지 않을 때 어떻게 해야 할까?

인도 IT 서비스 기업을 방문해보는 것이 어떨까? 필자가 수많은 인도 IT 서비스 기업을 방문할 때마다 느끼는 것이지만 기업 방문은 글로벌 IT 기업의 제품 개발에 인도 IT 서비스 기업이 얼마나 깊게 관여하고 있는가를 알게 되는 놀라운 경험의 연속이었다. 경쟁 상대의 글로벌 기업으로부터 업무 위탁을 받고 있는 곳도 많다.

최근 국내 기업 몇 군데가 인도가 역점을 두고 추진하는 스마트시티 사업에 참여하기 위해 인도 지방 정부와 MOU를 맺는 등 적극적인 모습을 보이고 있다. 인도 스마트시티 사업은 한국 기업에겐 큰 기회지만 좀처럼 참여하기 어려운 것이다.

우리가 잘하는 하드웨어 분야는 생각 같아선 인도가 부족한 기술이기 때문에 잘될 것 같지만 실제로 추진이 잘 안되고 있다. 우리가 가지고 있는 기술은 인도에 맞게 최적화가 되기 어려운 것이다.

따라서 인도에 맞는 리버스 이노베이션(Reverse Innovation)이 필요하다. 우리가 기존 제품을 한국에서 재설계하는 것보다 인도에 맞도록 인도 IT 서비스 기업에 재설계를 의뢰하는 것이 비용도 저렴하고 시간도 절약하는 길이다.

4차산업혁명을 어떻게 효과적으로 구현할 것인가를 생각해보면 지금과는 다른 관점이 필요하다.

뿐만 아니라 우리가 가진 기술과 다른 기술의 융합이 필요하지만 안타까운 것은 그렇게 할 인재가 거의 없다는 사실이다. 인도 IT 서비스 기업은 세계의 IT 기술, 업계 트렌드를 완전히 파악하고 있다. 한국 기업과 인도 IT 기업이 전략적인 파트너십을 가지고 관계를 맺는다면, 세계적인 솔루션을 구축할 가능성은 높아질 것이다. 인도 IT 서비스 기업은 적극적이고 열린 자세를 가지고 있으나, 한국측의 이해 부족으로 좀처럼 파트너의 케미를 발휘할 기회가 없는 것이 아쉽다.

인도 스타트업과 손잡고 무궁무진한 가능성의 세계로 나아가자

/

인도 스타트업이 급증하고 있고, 유니콘 기업도 지속적으로 등장하고 있으며 유니콘 기업에 조만간 이름을 올릴 스타트업들도 아주 많다. 우리는 다소 활력을 잃고 있지만 인도 스타트업들과 손을 잡는다면 여러 가지를 만들어낼 수 있는 가능성은 무궁무진하다.

그렇다면 우리와 멀게만 느껴지는 인도 스타트업을 어떻게 활용할까?

먼저 인도 스타트업이나 인도에 진출할 한국 스타트업 기업에 투자하는 것도 하나의 방법이다. 인도에서 비즈니스를 시작하는 스타트업들 가운데 한국에서 이미 전개했던 비즈니스를 이제 시작하는 기업들이 의외로 많다. 가령 최근 많은 투자를 받은 '드라이브유'라는 스타트업은 한국에서는 10년도 더 된 비즈니스 모델로 인도에서 성공한 케이스다.

한국에서 인도 스타트업과 함께 비즈니스를 하는 것도 하나의 방법이다. 인도의 많은 스타트업들은 글로벌 시장을 목표로 하고 있다. 여기서 말하는 글로벌 시장은 주로 미국·유럽을 가리킨다. 그들은 미국·유럽에 관해 여러 가지 정보를 가지고 있고, 인적으로 연결되어 있어 진출하기 수월하다. 반면, 인도인들 입장에서 생각해보면 한국에 관해서는 영어 정보가 거의 없다시피 하고 따라서 사업을 추진하기 힘들다. B2C 인도 스타트업은 한국시장에서 창업하기도 쉽지 않지만, 그에 비해 핀테크나 블록체인 등 B2B 스타트업은 한국시장에 진출해 성공할 가능성이 충분히 있다. 그때, 인도의 스타트업과 한국 기업이 파트너십을 맺는 것도 검토할 필요가 있다.

가령 인도와 한국 스타트업이 협업을 한다고 가정하면, 풍부한 개발 인력과 시장을 가진 인도는 큰 매력으로 다가올 것이다. 즉 많은 개발 인력을 활용해 개발 스피드를 높일 수 있다는 것, 미국·유럽 시장 진출이 용이하다는 점, 그리고 무엇보다 급격히 성장하고 있는 인도 시장 자체가 큰 매력인 것이다.

한국 스타트업의 특징은 사용자 기반 경험을 활용한 개발 능력과 인도에 비해 상대적으로 기획 능력이 우수하다는 것과 심한 경쟁으로 인한 차별화 요소 개발에도 능하다는 것이다. 하지만 한국의 경우, 스타트업이 급성장했을 때 인력을 충원하기가 매우 어렵다는 단점이 있다. 그에 반해, 인도는 성장이 시작되면 개발 인원을 늘리기가 상대적으로 상당히 쉽다는 것과 미국·유럽시장에 진출하기를 원할 때 한국에서 독자적으로 추진하는 것보다 인도 인력을 활용하면 훨씬 빠르고 쉽게 진행할 수 있다는 점이 바로 인도가 가진 장점이라 할 수 있다.

한국에서 획기적인 아이디어 발굴이 어렵다면 인도의 스타트업을 활용하는 것도 하나의 방법이다. 자사가 가진 고민을 해결해 줄 스타트업이나 해커톤 같은 이벤트를 개최해 아이디어를 모으는 것도 하나의 좋은 방법이 될 것이다.

한국 스타트업, 인도에서 성공하기 어렵다고? 한국이기에 성공하기 쉽다

/

과거 IT 기술은 사내 시스템이나, 제품에 들어가는 소프트웨어 개발에 사용되는 기술을 의미하는 것이 일반적이었다. 그러나 지금은 모든 기업에 있어 얼마나 IT 기술을 활용하고, 얼마나 디지털 트렌스포메이션을 이루는지가 기업의 생존을 좌우할 정도로 중요하다.

인도의 IT 기업은 IT 선진국인 미국과 인적인 교류와 비즈니스를 통해 큰 발전을 이뤄왔다. 미국의 IT 기업은 인도와의 연계로 비용, 시간 등을 절감하고 있고 세계를 이끄는 IT 기업으로 성장해왔다. 인도를 활용하지 않는 IT 기업을 찾는 것이 오히려 어려울 정도다.

4차산업혁명 시대를 맞이하여 왜 인도는 한국 스타트업들에게 필수적인 시장일까?

사실상 인구 통계학적으로 볼 때 인도는 스타트업의 천국이 될 만한 조건을 충분히 갖췄다. 대부분의 인구 통계 학자들은 인도의 인구는 2020~2024년 사이에 중국을 앞설 것이라고 예측한다. 평균 연령은 2020년에 중국 37세, 한국 46세인 것에 비해 인도는 29세가 될 것이다. 더욱이, 중국과 한국의 인구는 2025년에 최고조에 달하고, 그 이후 기하급수적으로 감소할 것이 예상된다.

고령화 인구와 연관된 몇 가지 본질적인 문제들이 있다. 노동 인구 감소는 더 적은 노동력을 만들어내고 이는 결국 인플레이션과 결부된 임금 상승, 혁신 감소 등과 같은 악순환을 만들어 낸다.

근본적으로 2030년까지 세계 경제의 운명은 인도 경제가 가는 방향으로 따라갈 것이다.

인도의 젊은층이 한국의 많은 창업 플랫폼에 대한 수요를 촉진하고 있다. 세계에서 두 번째로 빠르게 성장하는 중산층은 뷰티 제품이나 엔터테인먼트 콘텐츠를 소비한다. 인도는 세계에서 가장 큰 음악과 영화 산업을 보유하고 있다. 한국은 전 세계적으로 가장 많은 1인당 스마트폰 보급률을 보이고 있지만 스마트폰 수요 면에서는 인도가 중국 다음이며 인구 면에서도 중국을 앞서고 있어 스마트폰 수요도 중국을 앞설 것으로 전망된다. 인도의 낮은 구매력과 인터넷 보급률을 감안할 때 인도는 다른 어떤 나라보다 미래 성장 잠재력이 훨씬 큰 반면, 중국은 곧 수요 포화 상태에 이를 것이다.

인도의 스마트폰 수요 증가와 함께, 앱과 서비스에 대한 수요 또한 증가하고 있다. 한국의 앱과 서비스 시장은 이미 레드 오션이기 때문에, 한국 앱 스타트업들은 인도 시장에 진출함으로써 인도의 수요를 충족시키고 수익을 증대시킬 수 있다.

한국 정부가 큰 규제를 하고 있는 핀테크 스타트업 중에 극소수 회사를 제외하고는 눈에 띄게 성공한 곳은 없다. 대부분의 전문가들은 정부 규제가 핀테크 스타트업 기업들의 성장을 방해한다는 것에 동의한다.

인도 금융 산업은, 한국보다 훨씬 더 개방적이다. 모디 정부에 앞서 20년간 인도는 금융 규제를 단계적으로 완화해왔다. 모디정부가 FDI(외국인직접투자)정책을 적극적으로 도입한 이후부터 규제완화는 굉장한 속도를 내고 있다. 비트코인과 암호화폐는 공식적으로 금지하지 않는다.

인도에는 전통적인 피리로 뱀을 다루는 사람, 요가, 그리고 도로 위 소에 대한 전 세계적인 고정 관념이 아직 남아 있지만, 인도는 전 세계에서 두 번째로 큰 스마트폰 시장이다. 벤처 캐피탈 투자금에 있어서는 총 3위를 차지하고, 이미 성공한, 그리고 곧 있을 많은 IPO와 M&A가 이뤄지고 있다. 게다가, 인도의 R&D는 세계에서 가장 강력하다. 시골 지역의 열악한 인프라와 구시대적인 교육 시스템과 같은 장애물이 있는데도 인도의 스타트업 생태계는 활발히 움직이고 있다.

한국과 비교해 볼 때, 인도의 스타트업 생태계는 매우 분산되어 있고 다양하다. 또한 각 도시와 지역이 산업 전문성을 띠고 있는데 인도의 거대함과 복잡성을 감안할 때, 이것은 놀랄 일이 아니다.

인도의 스타트업 전문가들은 한결같이 인도의 구시대적 교육 시스템과 인적 자원이 인도의 강력한 성장을 막고 있다고 믿는다. 대부분의 중·고등 교육 기관의 교과 과정은 암기에 기초를 두고 있다. 또한 실질적인 상업 디자이너는 거의 존재하지 않는다. 인도의 기술 성과와 엔지니어의 풍부함에 대해서는 많이 언급되지만, 졸업 후 대부분은 스타트업에 기여할 실용적인 노하우와 자격이 부족하다는 것도 사실이다.

인도에서 많은 오피니언 리더들과 만나보면 세계에서 가장 혁신적이며 세계 최고의 수직적 기업으로 인정 받고, 20세기 최대의 "무일푼에서 거부"로 탄생한 경제 기적을 만든 한국에 대해 인도가 상당히 많은 관심을 갖고 있음을 발견하게 된다.

하지만 현재까지 한국의 스타트업들은 인도에 거의 진출하지 않았다. 한국 스타트업들은 기본적으로 스타트업 이벤트에서 존재감이 없다. 중국과 이스라엘에 비해 한국이 가진 고유한 장점들을 생각했을 때, 한국 스타트업들의 인도에 대한 반응을 인도 전문가들은 의아하게 생각한다. 특히 중국과 비교해 한국은 중국에서 막힌 페이스북, 유튜브 등을 마케팅에 활용할 수 있다. 중국에선 위챗(WeChat)과 다른 여러 플랫폼들이 사용되지만 인도에서는 대부분 쓰이지 않는 것들이다. 삼성 전자, 현대자동차, 엘지 등이 만든 선진국 이미지를 활용할 수 있는 장점은 덤이다.

인도가 부족한 많은 능력을 한국은 보유하고 있다. 제조업 기반의 사고는 때로는 경직되어 있지만 그럼에도 한국 스타트업들은 전략적 시스템을 잘 갖추었기 때문에 인도에서 큰 힘을 발휘할 수 있다. 최근

문을 연 하이데라바드와 세계에서 가장 큰 인큐베이터 T-Hub를 방문했는데, 많은 나라 스타트업들의 참여 문의가 많지만 한국 스타트업 기업들의 문의는 없다고 한다.

하지만 분명한 것은 한국은 인도에 부족한 여러 면에서 상대적인 큰 강점을 지니고 있다는 것이다. 인도가 무엇이 약하고 무엇이 강한지, 한국은 무엇이 약하고 무엇이 강한지를 발견하는 순간, 한국과 인도가 함께 세계적인 혁명을 창조할 기회를 만들 수 있다고 생각한다.

가장 트렌디한 2030
인도시장 예측 분석서

『젊은 인도』를 집필한 지 2년이 지났다. 『젊은 인도』를 쓸 때, 내가 인도에서 경험했던 것과 인도에 진출하려는 분의 입장에서 궁금해할 만한 인도라는 시장과 소비자에 대해 숙제하듯 그동안 모은 자료를 정리하며 써내려갔다.

인도에 대한 정보의 목마름이 컸던지 2016년 한국출판문화산업진흥원의 우수 콘텐츠 도서에 선정되는 영광도 맛봤다.

또 수많은 언론 매체에서 이 책을 소개했고 특히, 방송국에서는 『젊은 인도』를 특집방송으로 다루기도 했다.

삼성 크레듀에서는 이 책을 기본 교재로 한 16강 온라인 강좌를 마련하기도 했으며 그 밖의 각급 기관과 대학에서도 그동안 궁금했던 인도에 대한 정보를 강연을 통해 나눴다.

새 책을 만드는 동안, 인도 방갈로르를 무대로 사업체를 만들어 운영하며, 그동안『젊은 인도』에서 언급했던 인도 IT 산업의 중심지 방갈로르에서 다양한 기업, 정부기관, 외국기업 및 종사자들과 만나며 생생한 현장의 목소리를 들을 수 있었다. 이들과 만나 이야기하며 그동안 마음에 품었던 궁금증이 하나 둘 풀려가기 시작했다.

가장 기본적인 질문인 '어떻게 열악한 환경에서 첨단 IT 산업이 꽃피울 수 있는지?'에서부터 '글로벌 기업과 정부가 인도와 어떤 방식으로 협업을 통해 4차산업혁명을 준비하는지'까지 다양한 내용을 확인할 수 있었다.

이 책 출간 소식을 미리 들은 대학교수, 정부 기관 관계자, 관련 업계 종사자 등 많은 지인들이 그동안 자신들도 궁금해했던 것이 이 책을 통해 풀릴 수 있을 것이라는 과분한 기대감을 전해왔다.

뿐만 아니라 혁신의 한계에 내몰리고 있는 국내 스타트업 업계 관계자들도 이 책에 대한 기대를 숨기지 않고 있다.

책에 대한 그들의 기대에 잘 부응했는지 다시금 돌아보게 되었고, 정말 많은 분들이 인도에 관심을 가지고 있다는 사실을 확인할 수 있었다. 또한 불과 2년 만에 인도에 대한 관심이 정말 커지고 있음도 느끼고 있다.

이 책은 단순한 인도 IT 산업 분석 책이 아니다. 인도 IT 산업을 통해 다양한 비즈니스가 어떻게 만들어지고 또 우리 기업이 그 기회를 어떻게 활용할 수 있는지에 대한 제언과, 4차산업혁명의 물결이 한창일 10년 후 미래를 대비할 수 있는 방법과 힌트를 넣었다. 그리고 중간중간 인문학적인 이야기를 가미해 IT라는 딱딱한 이미지가 조금은 부드러워질 수 있게 구성했다.

인도에 대한 전반적인 이해 그리고 시장과 사람에 대한 이해가 목적인 분들은 『젊은 인도』를 먼저 일독한 뒤에 이 책을 본다면, 인도를 보는 거시적 시각과 미시적 시각이 같이 길러질 수 있으리라 확신한다.

책 집필 중간에 '한국인 대상 인도 도착비자' 제도 시행이라는 반가운 뉴스를 들었다. 인도로 가는 길이 점점 넓어지고 있다. 과거 중국 개방 초기, 용감하게 먼저 진출한 사람들은 선점효과를 누리며 중국에서 자기 기반을 만들었다.

이제 마지막 남은 시장 인도에서 마지막 기회를 이 책과 함께 열어보면 어떨까?

2018년 9월

공저자를 대표하여 권기철

인도, 세계로 가는 지름길

인도 4차산업혁명, 세계를 움직이다

펴낸날	초판 1쇄 2018년 10월 25일
지은이	권기철 · 정현 · 유성훈 · 박남희
펴낸이	심만수
펴낸곳	(주)살림출판사
출판등록	1989년 11월 1일 제9-210호
주소	경기도 파주시 광인사길 30
전화	031-955-1350 팩스 031-624-1356
홈페이지	http://www.sallimbooks.com
이메일	book@sallimbooks.com
ISBN	978-89-522-3990-7 03320

※ 값은 뒤표지에 있습니다.
※ 잘못 만들어진 책은 구입하신 서점에서 바꾸어 드립니다.

이 도서의 국립중앙도서관 출판시도서목록(CIP)은 서지정보유통지원시스템 홈페이지
(http://seoji.nl.go.kr)와 국가자료공동목록시스템(http://www.nl.go.kr/kolisnet)에서
이용하실 수 있습니다.(CIP제어번호: CIP2018032827)

책임편집 · 교정교열 서상미 조경현